Minerva Shobo Librairie

やさしく学ぶ道徳教育

理論と方法

金光靖樹／佐藤光友
［編著］

ミネルヴァ書房

まえがき

「道徳」が教科として学校教育のなかに位置づけられる時代となった。そのため，教員自らの倫理観を構築し，よりよい子どもたちの道徳性を高める教育を行う必要が増してきている。道徳教育の教科化にともない，大学の教員養成における道徳教育関連講義のより発展的な展開が課題となっている。それゆえ，道徳教育に携わる人々の教育カリキュラムの確立と充実が急がれている。その意味でも，将来，教職につく学生たちあるいは，現職教員の人たちに対して，道徳教育の理論と方法についてのできるだけわかりやすい役に立つテキストを作成し，提供する必要がある。このような時代にあって，教職課程における「道徳」に関連する授業をどのように教職を目指す学生たちに提供できるのかが重要になってきている。

本書は，時代の要請に応えるべく，教員養成科目『道徳教育論』『道徳教育の研究』等に対応した内容になっている。本書を通じて，ぜひとも，道徳教育に関する基本的，論理的かつ実践的な内容を学んでいただきたい。

各章では，道徳教育に関連したものとして，道徳教育そのものの必要性，道徳教育と学校教育との関連，道徳教育と禅の思想との関連，道徳教育における哲学的基礎，道徳教育における倫理的基礎，道徳教育における心理学的基礎，ケアリングと道徳教育との関わり，道徳教育における身体論，道徳教育と既存の教科との関連，道徳教育にみる対話理論，道徳教育のなかでのシティズンシップ教育，道徳の指導案作成（小学校），道徳の指導案作成（中学校），道徳教育の課題といったように，多種多様な道徳教育の可能性を，それぞれの道徳教育に携わっている教育学あるいは倫理学・哲学の専門家などが執筆担当している。

それゆえに，それぞれの専門家が自らのライフワークとしての研究を大いに活かしつつ，学生たちに道徳教育を教授できるテキストを提供している。道徳教育が，人間としての在り方生き方に関わる重要な教育であるということは誰もが認めるところであり，さまざまな道徳教育へのアプローチによって，新しい道徳教育の地平を切り開くことができると考える。

その意味でも，これからの教員養成課程における「道徳」関連授業・講義・演習で，活用できるテキストであり，道徳に対する基本的な事象と理論をしっかり身に付け，そしてその理論の認識・把握により，具体的な道徳授業に挑む教員を育てることのできるテキストである。

本書の出版の執筆，編集にあたっては，各章の執筆者の方々，そして丁寧に対応していただいた編集部の浅井久仁人さんにたいへんお世話になった。ここに感謝の意を申し上げる。

編著者　金光靖樹
　　　　佐藤光友

やさしく学ぶ道徳教育　目　次

第1章

道徳教育の必要性について

この章では，なぜ道徳教育が必要なのかを具体的な例も挙げながらわかりやすく解説する。道徳教育の必要性について考えるために，まずは，そもそも「道徳」や「道徳性」とは何であり，道徳教育の「教育」とは何であるのかについて論じる。カントとハイデガー，ヘラクレイトス，アリストテレスなどの哲学者が述べてきた道徳あるいは倫理についての考え方を手がかりにしつつ，道徳の必要性について解説する。具体的な例としては，道徳の教材として用いられている「手品師」の話などを挙げて，手品師の生き方にみる「誠実さ」「動機」の純粋さについて考察を深め，手品師の生き方から，人間としての在り方生き方に関わっている教育としての道徳教育を論じる。さらに，そのことから教育課程における道徳の必要性と目標について述べ，学校教育における道徳教育の観点から，これからの道徳教育の必要性について解説する。

1 道徳性を身につけるということ

わたしたちは，この社会のなかで，ただ一人だけでは生きていくことはできない。このことは，すでにわたしという自己が，個人で存在していると同時に，他者とともに存在しているということを意味している。道徳教育が必要かそうでないかは，そもそも，道徳とはいかなるものであり，その道徳心を育ませるとはいったい何なのかを知らなければ，答えられないであろう。道徳の授業が行われることの意義は，子どもたちの「道徳性」を学校教育において養うということにある。「道徳性」とは，自己と他者とがともによりよい生き方を目指すための道徳的行為を可能にする人格的な特性であるが，その「道徳性」を養うということがどうしても人間には必要であるし，そのことは誰も否定できないであろう。道徳性を身につけるためには，日常生活の中で繰り返しよりよく生きようとし，その生き方を，慣習化させる必要がある。

ethics という倫理あるいは倫理学という言葉は，ギリシア語の「エートス ēthos」慣習，風習を意味するが，このことは，moral の語源と同じ意味を持っている。ハイデガーは，『ヒューマニズムについて』で，エートスについて，古代ギリシアのヘラクレイトスの箴言，「エートスは人間にとってダイモーンである」を持ち出して，「すなわち，人間は自らが人間であるかぎり，ダイモーン（神）というものの近くに住むということ」と解釈する。このことからエートスとは人間の「居場所」とか「住む場所」を意味するといい，その道徳的・倫理的なものの基礎をなしていることを明らかにする。

ここで注目したいことは，エートスという言葉には，道徳的・倫理的な事柄を表現しているものが含まれているとしながらも，ヘラクレイトスがパンを焼くかまどという「日常的に存在しているもの」，すなわち，道具との関わりが語られているということである。人間にとってのエートス，つまり，慣習には，パン焼きかまどという日常的に慣れ親しんだ，食をつくり出す道具が必要不可欠であるということである。興味深いのは，ヘラクレイトスは，そのパン焼きかまどでもって，パンを焼こうとはせず，そのかまどの火で身体を温めているというのである。このことは何を意味しているのか。そこには，もはや，パンを焼くという営みすらなく，ただ人がかまどという道具に見守られている光景があるだけである。このことから解釈すれば，人間にとっての道徳というものの語源であるエートスが，わたしたちの住処やその周りの道具に囲まれ，守られながら生きるという生活習慣を意味するといってもよい。すなわち，人間の周りにすでに道徳的なものというものが切っても切れない関係にあり，道徳の必要性がないということは，人間の存在自体が必要でないということですらあると考えられるであろう。

2 人間として善く生きる

たとえば，わたしたちが高等学校で学習した倫理や現代社会，世界史などの科目に登場してくるアリストテレスという哲学者のことを思い出してほしい。アリストテレスは，人間が幸福になるためには，行為が徳，道徳的な生き方と一致しなければならないと考えた。すなわち「人間として善く生きること」が幸福の証なのである。アリストテレスは，人間を本当に人間らしくする最高の能力は道徳心，すなわち理性であると考え，日常生活にわずらわされずに，落ち着いた観想的な生活こそが人間にとってもっとも価値ある生活であるとしたのである。人間として善く生きるためには，感情，欲望，意志をコントロールする必要がある。

わたしたちは，感情や欲望を過度でも不足でもない「程よい状態を保つこと」が大切であり，この程よさをアリストテレスは「中庸」（メソテース）と呼んでいる。たとえば，「自分には自信がある」，というときの「自信」というものを考えると，その程度が強すぎると「無礼」になるし，弱すぎると「臆病」になる。その程よい状態を保つためには「自尊感情を持ち続ける」ということが大切である。つまり，このような善く生きようとする心，道徳心は生まれつき備わっているものではなくて，道徳的な習慣を身につけることによって身につくということである。

「道徳」という言葉自体の成り立ちから考えると，一説には「道」とは，もともと「踏んでいく道」であり，多くの人が同じところを歩けば，自ずとその跡が道になるという。そのことは，人が本来守るべき物事の道理，筋道などを意味している。多くの人がそうすべきだと考えられてきたこと，いわゆる習俗とか慣習としてわたしたちに伝わっているもの，日常生活のなかで守るべき習慣のようなものである。「徳」というのは，目線と心が同じ目標に向かっているということ，すなわち，素直に行動できることをあらわしているといわれている。このように「道」と「徳」が結びついた道徳とは，人が歩んでいく正しい道という意味にとらえることができるであろう。

では，「道徳教育」といった場合の「教育」とは何であるのか。教育という言葉が，「人格」の完成を目指すものを意味していることは誰もがうなずくことだと思うが，道徳教育は，善く生きることができる，人が日常生活の中で守るべきことを実行できる人間になるための教育である。道徳教育の根源的な支えになるものが「道徳性」というものである。道徳性は，万人に普遍的にあてはまる規範能力のことである。道徳性には，「道徳的心情」「道徳的判断力」「道徳的実践意欲と態度」などがある。「道徳的心情」とは，善いことに対して喜び，悪いことに対しては，それを否定する感情である。この感情は，自然に親しみ，本来は，その自然環境の中で育まれて出てくるものである。「道徳的判断力」とは，それぞれの場面で善悪を判断する能力である。この判断力とは，たとえば，動機の純粋さを確認できる能力のことでもあり，何が善い行為で悪い行為なのかを判断するとき，その判断の物差しとなる考える力なのである。善悪の判断をする場合には，必ずその判断のもとになる考え方がある。これを判断基準といい，一般的に道徳意識とか良心とよばれるものである。

3 道徳的に行為するということ

道徳性，とりわけ，道徳的判断について考えた哲学者にドイツのイマニュエル・カントがいる。たとえば，自分が歩いていると，池で溺れている人を見つけたとする。カントによれば，「溺れている人を助けなければいけない」という内面の声は「とにかく助けなければならない」という無条件な道徳判断であり，「この人を助けたら，明日の新聞に取り上げられ，自分にとって名誉なことかもしれない，だから，助けよう」と思って助けたのならば，それは条件付きの判断である。カントは，「助けた」という行為の「結果」は同じでも，無条件に助けようとする判断こそが善い行為という。道徳心とは，「結果」よりも，条件なしに，人間としてなすべき義務に従おうとする「動機」の純粋さのことだからである。道徳の物語資料での登場人物はなぜそのような行為を選択したのか，その理由を動機から考えることで，道徳的判断力は養われるのである。

道徳的実践意欲・態度とは，善い行為をしようとする意志の働きや心構えのことである。このように「道徳的心情」「道徳的判断力」「道徳的実践意欲と態度」が総合的に重なって，児童・生徒たちの道徳的実践力が育まれていくのであり，このような道徳性を育てることは人間形成にとって必要不可欠なことである。この道徳的実践力を高めるためには，どうしても「道徳科授業」が必要なのである。

カントの道徳論にもどるが，彼は，道徳性を育んでいく上で欠くことのできない普遍的な原理を提唱している。道徳法則を打ち立てて，動機の純粋さに着目したカントは，一般的に，「私たちが道徳的に悪い行為をすべきではない」といった，善悪・正邪の見方に疑問を呈する。カントの道徳についての考え方は，このものの見方を否定する。道徳教育に関心をもつ者であれば，カントの著作『道徳形而上学の基礎づけ』や，『実践理性批判』で述べられている問題提起は，興味深いであろう。

カントは，「わたしは何をなすべきか」という道徳法則を導き出すための問いを次のように打ち立てた。「わたしは何をなすべきか」という問いは，「わたしはどのように道徳的に善い行為をなすことができるのか」という言葉で置き換えられるかもしれない。カントは，道徳法則を導き出すためには，人間に備わっている実践理性を働かさなければならないと考えた。実践理性とは，人間の行為に伴う普遍的な理性のことであるが，純粋理性という自然科学を生み出した人間の理性能力ではない。実践理性の分析にとどまらず，道徳の具体的事例を問題にしようとする場合，カントの『道徳形而上学の基礎づけ』に準拠することにより具体的に示されている道徳的行為を考察することが妥当なのである。実践理性というのは，人間の全き善的行為を作動させる理性のことである。

この理性が人間に備わっているということを前提にして考えなければならないが，やはり，道徳的に行為するのは誰であるのかが問題となる。その行為の主体，すなわち，自己という主体こそが実践理性の持ち主であり，この理性は，すべての人に保有されていなければならない。ということは，万人にとって，道徳的に行為するということが，それぞれの人たちのなかで，微妙に異なる行為として理解されていたとしても，実践理性によって担保されるかぎり，共通の道徳心として現出すると考えられる。その意味でも，わたしたちは，備わっている実践理性をよりよい方向へと作動させていかなければならず，そのための道徳教育が必要不可欠なのである。

4 道徳教育の必要性——『手品師』の話から

そこで，この実践理性の作動する状況，すなわち，「動機」の純粋さ，誠実さについての具体的な場面として，「道徳」教材でよく取り上げられる『手品師』の話を例に挙げて考えてみたい。小学校高学年から中学生にかけて用いられている「道徳」の教材として知られている『手品師』のあらすじを以下に紹介する。

あるところに，腕はいいのだがあまり売れない手品師がいた。その日のパンを買うのもやっとで，大劇場のステージに立てる日を夢見て，毎日毎日，腕を磨いて手品の練習に励んでいた。

ある日，手品師は小さな男の子がしょんぼりと道にしゃがみこんでいるのに出会う。男の子はお父さんが死んだ後，お母さんが働きに出て，ずっと帰ってこないという。かわいそうに思った手品師が手品を見せると，男の子はすっかり元気を取り戻した。

そして，手品師はその男の子に明日もまた手品を見せてあげることを約束する。ところが，その日の夜，突然，友人からの電話がかかってきた。その友人の電話の内容は，大劇場に出演のチャンスがあるから今晩すぐに出発してこっちに来て欲しいというものだった。

手品師は大いに悩んだ。手品師の脳裏に浮かぶものは，大劇場のステージに立つ自分の姿と男の子とした約束だった。そして，手品師は，決断した。手品師は，明日は大切な約束があるからと友人の誘いをきっぱりと断わったのである。

翌日，手品師はたった一人のお客さま，すなわち，男の子を前にして，次々と素晴らしい手品を演じたのであった。

わたしたちは，この『手品師』のストーリーから日常的にも，誠実な人柄といった場合，何をもってその人の誠実さを垣間見ることができるのかというこ

とについて考えさせられる。この場合，子どもとの約束が先であり，子どもへの手品の提供には不純な動機がない。しかしながら，子どもとの約束を破って，自らがステージに立つということは，自らの欲望を優先することであり，動機が不純だということになる。だが，ステージを取るか，子どもの方へ行くかは，どちらが善い悪いと判断することができない。論者がこの教材を使って講義・演習を行ったかぎりでは，学生であれ，教員であれ，そのクラスやメンバーによって，前者を選ぶ人が多いときと，後者の立場を選ぶ人が多いときがあり，その結果の違いに驚かされてしまう。現実的にも，有名になり一流の手品師として人々から喝采を受けること自体は，手品師にとっても，そして，多くの人々が自らの幸福を追求するという行為としても，すばらしいことであり，個人のすばらしい生き方として示されているといっても過言ではない。

しかしながら，この手品師の話から，わたしたちは，誠実に行為することとは何であるのかということを真剣に考え，自らの立場に置き換えてみても，葛藤し，悩むことが大切なのである。その人の「動機」が純粋であるということ，このことは，この手品師の話にあるような二者択一的な選択を迫られた状況では，それぞれの回答があり，何がよくて何が悪い動機なのかということは説明しにくいかもしれない。

にもかかわらずわたしたちは，動機の純粋さに基づく誠実な善い行為が，どのような規範意識，すなわち，普遍的な道徳的規範意識に従うことによりどのように可能となりうるのかを議論する必要がある。そもそもが完全にまったき純粋な行為というものが，現実の世界において可能なのか，という疑問も生じるであろう。このような問いかけは，道徳教育における動機の問題を具体的な内容項目から探求する必要があり，道徳の授業を道徳理論に則って成立させるためには欠くことができない問いでもある。

教職を目指している者も，すでに小学校，中学校における道徳科授業などにおいて，道徳的な問いに触れる機会を与えられてきたはずである。さらに，高等学校公民分野「倫理」「現代社会」などで，哲学者イマニュエル・カントの道徳法則，たとえば，定言命法や道徳律などについて何らかの知識を得てきたはずである。にもかかわらず，高等学校での教科内容を思い浮かべることができない者も少なからずいるかもしれない。

いずれにしても，道徳的な問いへの回答をみんなで考え，また，対話することが道徳科授業では必要であり，前提としてのカントの道徳理論は道徳教育にとって必要なものであり，有効なものであることがわかるであろう。

このような道徳理論を援用することによって，「道徳」教材をいかに解釈するのかが道徳教育のとても重要な方法として浮かび上がるのである。道徳的な事象に対して，教師と児童・生徒相互の対話における主観的な意味内容をカントの道徳哲学を媒介にして解釈し直すこと，その道徳的な事象についての共通項を導き出すことによって，児童・生徒たちの道徳性を高めうる萌芽があらわになっているといっても過言ではない。

5 教育課程における道徳の必要性と目標

学校教育における「道徳教育」の必要性について，教育課程を定めている学習指導要領に注目して考えてみたい。学習指導要領は，各教科や特別活動や道徳の時間で，何を目標とし，どのような内容を取り上げるのかを示したものである。実際に学校で教えられている道徳教育の中身は，この学習指導要領に記載された事柄である。この学習指導要領がどのように改訂されるかということが学校現場における道徳教育のあり方を大きく変える。たとえば，「善悪の判断，自律，自由と責任」という項目を取り上げて考えてみたい。

小学校における道徳の学習指導要領では，小学校第５学年および第６学年での「善悪の判断，自律，自由と責任」ということに関して，「主として自分自身に関すること」の内容項目において，「自由を大切にし，自律的に責任のある行動をする」（文部科学省『小学校学習指導要領』2008年）としている。この道徳の学習指導要領解説をみると，自由を大切にすると同時に，それに伴う自律性や責任を大切にする児童を育てようとしていることがわかる。そしてまず，自分自身がよりよく生きるには何ものにもとらわれない自由な考えや行動が重要になる。

一般的には，小学校高学年は，主体的に物事を思考し，行動できるようになるが，自分勝手に行動してしまうことも多い。「自由には，自分で自律的に判断し，行動したことによる自己責任が伴う，自分の自由な意思によっておおらかに生きながらも，そこには内から自覚された責任感の支えによって，自ら信じることに従って，自律的に，判断し，実行するという自律性が伴っていなければならない。」（文部科学省『小学校学習指導要領解説　道徳編』2017年）

このような自律的に判断し行動することについて，道徳の時間に教材を使って話をすることによって，児童の自己への責任意識も強まる。教師は児童に対して「自由な考えや行動のもつ意味やその大切さを実感できるようにすることが大切である。また，自由に伴う自己責任の大きさについては，自分の意志で考え判断し行動しなければならない場面やその後の影響を考えることなどを通して，多面的・多角的に理解できるようにすることが重要である。」（文部科学省『小学校学習指導要領解説　道徳編』2008年）

初等教育においては，「自主，自律，自由と責任」について以上のような内容項目を挙げることができる。このような自律を育む道徳教育における学習指導の効果を認めたならば，自律的に判断し行動するということ，そのことによって児童の責任意識も芽生えるのであり，やはり，道徳教育は欠かすことができないであろう。

中学校における道徳の学習指導要領でも「自主，自律，自由と責任」については，「主として自分自身に関すること」の内容項目であり，「自律の精神を重んじ，自主的に考え，誠実に実行してその結果に責任をもつ」（文部科学省『中学校学習指導要領解説道徳編』2017年）とある。学習指導要領解説では，「自ら考え，判断し，実行し，自己の行為の結果に責任をもつことが道徳の基本である」としている。したがって，生徒に求められる道徳的態度は，「責任を他人に転嫁したりするのではなく，自らの規範意識を高め，自らを律することができなければならない。」（文部科学省『中学校学習指導要領解説　道徳編』2017年）ということなのである。生徒一人一人が自律の精神を向上させ，自己の行動に責任を持つことによって，人間としての在り方生き方がより充実したものになるのである。

6 道徳教育の必要性を再考する

先述のアリストテレスの生き方から考察するならば，規範意識を高めることや自らを律していくことは，自らに課せられた生活習慣とも結びついているものであり，やはり，日常の学生生活の日々の中で身につけていかなければならないことである。

いままでみてきたように，わたしたちは，道徳的な原理についての考え方を深め，哲学的あるいは倫理的思考を身につける必要があるということが理解できたであろう。教職を目指す者は，このような道徳原理だけでなく，具体的な道徳教育の方法に基づく指導案を作成し，模擬授業を実践する必要があることはいうまでもない。道徳的な行為を学ぶということは，他の機会にもあり，たとえば，ボランティア活動にみる人間としての生き方というのもそうである。道徳教育という概念を広く捉えれば，それは人間としての在り方生き方に関わるすべての事柄が含まれているといっても過言ではない。

そして，わたしたちは，道徳教育が歩んできた歴史や思想・風土文化を学ぶ必要がある。道徳教育についての思想史的変遷は，欧米と日本ではかなり異なっている。各国の道徳教育が歩んできた制度や考え方の違いを考察することは，これからの道徳教育の方向性を見極めるためにも必要なことである。

今日，道徳教育が，児童・生徒一人一人が本来の自分に立ち返って他者と共生するためにも欠くことのできない必要な教育の時代となったことは確かではないだろうか。

参考文献

小寺正一・藤永芳純編（2009）『道徳教育を学ぶ人のために』世界思想社。
押谷由夫・宮川八岐編（2000）『道徳・特別活動重要用語300の基礎知識』明治図書。
森秀樹・藤原聖子ほか（2015）『高校倫理』実教出版。
文部科学省（2017）『小学校学習指導要領解説　道徳編』廣済堂あかつき。
文部科学省（2017）『中学校学習指導要領解説　道徳編』教育出版。
文部省（1976）『小学校道徳の指導資料とその利用』文部省。

Heidegger, M. (1984) *Sein und Zeit* (1927), Tübingen.
Heidegger, M. (1954) *Platons Lehre von der Wahrheit, Mit einen Brief über den «Humanismus»,* Bern.
Kant, I. (1961) *Grundlegung zur Metaphysik der Sitten,* Philipp Reclam jun, GmbH & Co., Stuttgart.

（佐藤光友）

第2章

道徳教育と学校空間
――「純粋な関係性」を生きる子どもたち――

いま学校で，子どもたちはどのような現実を生きているのだろうか。たとえば，道徳教育に力を入れなくてはならない理由として「子どもたちの規範意識の低下」や「友人関係の希薄化」がたびたび持ち出され，だからこそ規範意識の徹底や友人どうしのより親密な人間関係の構築が急務であるとの結論が導き出される。この一連のロジックは確かに一見，解りやすく支持を得られやすいものではある。だがそのような道徳教育の方向性は，果たして子どもたちの生きられた現実にフィットしたものといえるのか。本章では主に社会学などの知見に依拠しつつ，今日の学校空間をサバイバルする子どもたちが強固に規範としている，ある「人間関係の作法」に着目する。この作法が台頭してきた社会的背景を明らかにしつつ，彼らが生きる学校空間の現状を分析し，そこから今日の道徳教育を考えるための一視座を提供することをめざす。

1 「行き過ぎたやさしさ」のゆくえ――空気を読みあう子どもたち

「やっぱりSNS*に触れはじめてからかな。顔の見えないやり取りの中で，文字だけで，結構相手の気持ちを考えたり。」
「中学生の時から，集団の中で，あいつわがままじゃない？という空気を出してハブられる，みたいなことがあって，その頃はSNSは使っていなかったけど既に『空気』みたいなものはあったのかなあ，と思います。」
「中学ぐらいのときから，周りから『お前KY』って言われることによって，あっ，俺，駄目なんだなって。」
「目立つと，その分いろいろ返ってくるんで。KYって言われたり。そういうのに耐えられるほどのメンタルもないんで。メンタル折れるんで。」

＊ソーシャルネットワーク Social Networking Service の略。インターネット上の交流を通じて社会的なネットワークを構築するサービスのこと。代表的な SNS として，Facebook，LINE，Twitter などがある。

これらの会話は，原田曜平がリーダーを務める博報堂ブランドデザイン若者研究所に所属する都内在住の「現場研究員」たちの座談会のやりとりのなかの一コマである（原田 2013：32-36）。今は高校生から大学生になっている彼らが「中学生ぐらい」の頃に経験したことが振り返られ語られている。ここで多用されている用語 KY とは，「空気（＝K）読めない・読まない（＝Y）」の略語であり，状況にふさわしい言動を欠く者への警告を込めた蔑称である。元々インターネットの掲示板上で使用されていた略語がメールや日常会話でのやりとりへと飛び火し，2007年ユーキャンの新語・流行語大賞にエントリーされることにより一般に定着した。

ところで，当時中学生であった彼らにとって，KY として仲間に忌避されるような状況とはどのようなものか。座談会の次の発言に，その手がかりがある――「中学の時に，彼氏のノロケ話とかを自分のホームページに書きまくってて……個人のものだからいいと思っていたんですけど，仲良しグループのなかで『あの子，彼氏のことばっか書きすぎてウザイ』って噂をたてられてて，それで『あぁ，自分はよくてもウザイと思われないように，もっと空気読まないとな』って思いました」（原田 2013：33）。

中学生の頃から，KY と名指されないように，友人たちとの間に軋轢を持ち込まないように，協調性を重視し目立つことのないように……と気遣いあう子どもたち。ここには，学校という閉鎖的な日常空間のなかで，互いの人間関係を円滑にこなしていくために細心の注意を払いながら，この上なく高いレベルで相互に配慮しあう子どもたちの姿が浮かび上がっている。

このように，人間関係における対立の回避を何にもまして優越させるような傾向を「優しい関係」と名指し，体系化された分析を行ったのは大平健である（大平 1995）。精神科医でもある大平は，豊富なカウンセリングの臨床経験を通して，時に彼自身にとっては「行き過ぎ」と感じられるような独特の「やさしさ」にしたがって振る舞う子どもたちにたびたび出会ってきた。

たとえば，ある少女は「私たちのやさしさってのはねぇ」と前置きして，次のように語る。いわく，通学途中の電車の中で座っていると，おじいさんが目の前に立った。席を譲ってあげようかとも思ったが，思い直して寝たふりをした。彼女にとって，席を譲らないことも，寝たふりをしたことも，「やさしさ」――すなわち彼女にとっての相手への配慮のひとつなのである。たとえば席を譲らなかった理由は，このように語られる。「最近の年寄りって元気な人，多いじゃないですか。ウチのおばあちゃんなんかも私たち孫以外の人がオバアさんなんて言ったら，もうプンプンだからァ，このオジイさんも年寄り扱いしたら気を悪くするかなあ，なんて考えてたらァ，立つのやめた方がいいか，なんて……」（大平 1995：4）。確かに席を譲らなかった彼女の「やさしさ」は理解できないことはないが，結局寝たふりをするのは，席を譲らない自分の行為を正当化しているにすぎないのではないか？　その大平の疑問を「ちがう，ちがう」と否定した彼女は，こう続けるのだ――「寝たふりしたのはねえ，私たちのやさしさ分んない大人とかが，『この子，席も立たないで』みたいな目つきでジロジロ見るからなのよ」（大平 1995：5）。

このような「やさしさ」が充満する今の社会の根底には「独特な人づき合いの仕方」があると大平は分析する（大平 1995：10）。一見「行き過ぎた」ように見えるこうした新種の「やさしさ」こそが，こんにちの子どもたちの人間関係の鍵なのである。この「行き過ぎたやさしさ」の特徴を，森真一は次のように整理している。すなわち，1970年代前後に主流であった旧来のやさしさである「治療的なやさしさ」に対して，新種のやさしさである「行き過ぎたやさしさ」は「予防としてのやさしさ」である。前者は相手の領域に踏み込み傷ついた互いの傷を舐めあうような関係であるのに対して，1980年代以降に登場してきた後者は相手を傷つけることそのものを全力で回避しようとする。前者はあやまって人を傷つけてしまった場合にも傷の修復の余地が残されているが，後者は人を傷つけるという行為そのものが許容されないという意味においてより高度な配慮を必要とする，と（森 2000：100-103）。

森によれば，この「行き過ぎたやさしさ」は現代の人間関係に次のような帰結をもたらす。すなわち，相手を傷つけるたびにいちいち「治療」する優しさではなく，当初から相手を傷つけないように最大限に配慮する「行き過ぎたやさしさ」は，現代社会の人間関係をよりなめらかにし，結果としてよりスムーズに物事が遂行され，予定どおりの時間に計画が進むことを促す（森 2000：103）。相手を傷つけるボーダーラインを事前に察知してその領域には踏み込まない――そこで生きてゆくメンバーにこれほどまでに「高度な」自己コントロールを要求する社会，それこそが「行き過ぎたやさしさ」を要求する社会の実態なのである（森 2000：103）。

2　共同体の拘束力の弱まりと人間関係の自由化

ではなぜこれほどまで「行き過ぎたやさしさ」が子どもたちの人間関係の規範となるに至ったのか。前節で紹介した，席をゆずらなかった少女のセリフの中に，その鍵が隠されている。「最近の年寄りって元気な人，多いじゃないですか。ウチのおばあちゃんなんかも私たち孫以外の人がオバアさんなんて言ったら，もうプンプンだからァ，……」（大平 1995：4）。ここには「お年寄り」「世代」内の多様化および個人差の拡大が進んでいること，その結果若い世代がひとくくりに彼らを「年寄り」扱いすることがもはやできなくなっていることが見てとれる。それぞれの世代が形成する価値観が同質的で一枚岩として機能していたかつての共同体とは異なる，共同体のいまのすがたがそこにはある。その社会的背景を，土井隆義の分析に依拠しながら整理しておきたい。

土井によれば，共同体は血縁のような生物学的な類似性や地縁のような空間的な近接性のみで成立するわけではなく，むしろそうした固定的な人間関係から生まれる価値観の同質性こそが共同体の存続に大きく寄与する。とりわけ伝統的な社会においては，共同体の境界を越えていく人口移動はまだ稀であり，価値観の同質性を担保する基盤として血縁や地縁が有効に機能していたと考えられる。この傾向は，職場や学校といった機能集団においても同様にみられる。成長の初期段階にある社会においては，人々の欲望や生きる目的はさほど細分化されておらず，かなりの一般性を有する。こうして共同体の構成員みなが生きる目的の大部分に共通項がある場合，その目的を個人で追求するよりも共同体で追求する方がより効率的である。だからこそひとつの目的を追求する共同体の構造は安定し，強い拘束力を発揮しうる（土井 2012：58-59）。

だが今は，かつてと同じ状況ではない。昨今の社会の急激な成長拡大は，人口移動率を大幅に上昇させ，その過程で人々の価値観が多様化するに至ったからである。狭く均質的な共同体の中で，同じ景色を眺め，同じ対象を崇拝し，同質的な人間関係を生きていく経験は次第に失われていく。そのような生き方に代わり，多様な環境を自由に行きかいつつ，それぞれが異なる経験を各々の実践知として積み上げげていくことが現代の生き方になる。また社会が成熟するにつれ，人生の目的は単に物質的に豊かな生活の実現ではなくなり，人々は精神的に充実した生活を求めるようになる。その際，相応の一般性をそなえていた前者の目的に対し，後者の目的は人によって千差万別となるために，かつての共同体を成り立たせていた価値観の同質性という基盤は徐々に崩壊してゆき，その価値観を共有することで機能していた共同体もその拘束力を弱めていく。（土井 2012：59-60）。なお，我が国においてこのような傾向が顕在化した時期として，高度成長期と重なる1960年代末から1970年代であるとの指摘がある。たとえば鈴木謙介は，戦後生まれのベビーブーマーが，高度成長を伴った社会や価値観の変化を体験した最初の世代であると指摘する（鈴木 2012：114）。この時期，これまで農村共同体にプールされていた労働力が経済成長の担い手として都市部に流入し，あわせてそれぞれの故郷の共同体の習俗を離れた人々が，他所から来た人々と新しいマイホームを形成するための独自の価値観を編み出すことになった（見田 1971：10-16）。生まれ育った共同体の伝統や制度基盤へとコミットしていたかつての若い世代が都市に流入し，従来のしきたりに縛られない自由な価値意識を編み出してゆくようになるとともに，それまで共同体が有していた価値観や拘束力は弱まっていく。このようにして社会の流動化も加速していく（土井 2012：60-62）。

重要なのは，上述の社会の流動化による従来の共同体の拘束力の弱まりという傾向が，学校内で形成される友達関係のようなミクロな共同体においても同様に見られるということである。かつては同じクラスの生徒だから，同じ部活の一員だからという理由が拘束力をもったように，制度的な集団に属するという事実そのものが，友達や仲間の関係維持において「仲良くならねばならない」という強い規範をともなっていた。しかしこうした制度的な基盤のもつ拘束力は，今や徐々に弱まりつつある。たとえば同じクラスメイトだからといって，自分の気の合わない相手と無理に付き合う必要はないし，同じ部活の先輩だからといって，その意向に無理に合わせる必要もない。集団の拘束力が低下した結果，そう考える子どもたちが増えてきている。制度的な枠組みの拘束力が弱まると同時に，子どもたちがより自由に人間関係を築く機会が増えていく現象を，土井は「人間関係の自由化」と呼んでいる（土井 2014：10）。

3　人間関係の自由化がもたらす「純粋な関係性」

共同体の拘束力が弱まることによってもたらされた人間関係の自由化。この人間関係の自由化は，結果として次のふたつの帰結をもたらす（土井 2014：10-15）。

まず一方で，共同体の人間関係が自由化してくると，当然のことながらその人間関係に対する満足度は上昇していく。なぜなら地縁や血縁，あるいは特定のクラスといった制度的な共同体の拘束力は低下し，また部活のような自発的な共同体の拘束力も低下していった結果，面倒な人間関係に煩わされる機会は減っていくからである。気の合わない友達と無理に付き合っていかなければならないシチュエーションは減り，結果として友人や仲間に反発を覚える機会そのものが少なくなっていく。この傾向は，具体的なデータとしても読み取ることができる。たとえば各国と協同して内閣府が継続的に行っている世界青年意識調査によれば，友人や仲間といるときに充実感を覚える子どもたちは増えていく傾向にあることが次ページのグラフから読み取れる（次頁図を参照）。

他方で，人間関係の自由化は，人間関係そのものを不安定化させる。制度的な枠組みが人間関係をかつてのようには強固に拘束しなくなったということは，裏を返せば人間関係を保証する基盤の消失をも意味するからだ。このことにつ

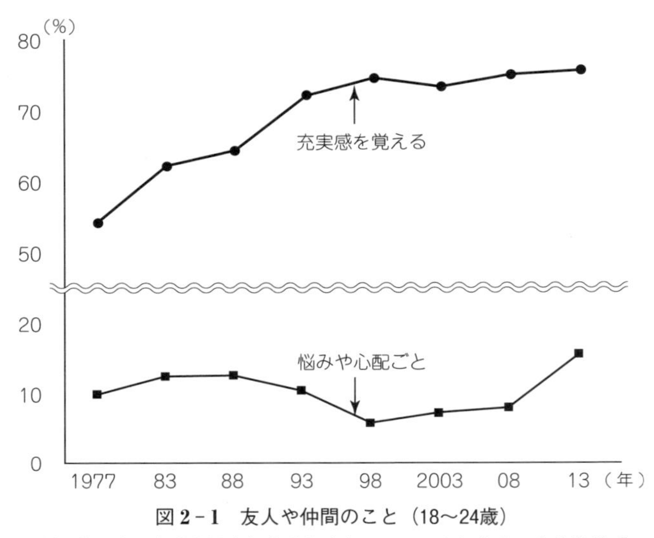

図２－１　友人や仲間のこと（18～24歳）

（出所）内閣府「世界青年意識調査」のデータより作成。土井隆義『つながりを煽られる子どもたち』岩波書店，2014年，12頁より抜粋。

いて富田充保は，現代の子どもや若者が「地縁・血縁・規範が希薄になった中で，その分かえって利害・打算をこえた個人的な親愛感情以外に支えるものがないような『純粋な関係性』を生きうる時代」にあると述べている（富田 1999：83）。この「純粋な関係性」とは，アンソニー・ギデンズによれば，かつての婚姻関係のように関係の持続が当たり前であるようなものではなく，いつの時点においてもいずれか一方が思うままに関係を終わらせられるようなものである。そのため「純粋な関係性」は，関係を維持する保証のようなものを，言葉や行いで無限に与えなければならない関係でもある（ギデンズ 1995：204-5）。自由化した人間関係によってもたらされる「純粋な関係性」を維持するため，子どもたちはお互いに仲良しであることを確認し続け，互いにそう思っているという振る舞いを共有する行為を果てしなく継続しなくてはならない。こうして彼らは，自由ではあるが絶えず関係の維持を気に掛けなくてはならない不安へと落ち込みやすくなる。図２－１において，2000年代から友人や仲間のことについて悩みや不安を感じる者が新たに増え始めたことは，充実感を与えてくれる自由な人間関係が，まさにその自由度の高さゆえに移ろいやすく，悩みや心配事のタネにもなっていることを裏書きしている（土井 2014：13）。

人間関係の自由化にともなう帰結としての「純粋な関係性」――移ろいやすいがゆえに関係維持のための言葉や行いという保証を絶えず与え合わなくてはならない関係を，携帯電話など昨今のコミュニケーション・デバイスの進化がさらに煽りたてる。新谷周平が指摘しているように，いつでも連絡を取ることのできる環境は逆に連絡を取らないことに理由を必要とする。自分がメールを送って相手から返事がなければ不安になるのだから，逆に送り手の気持ちに配慮するなら，送られてきたメールにはなるべく早く返信することが望ましい。そうした「優しさ」からより多くの者ができるだけ早い返信（即レス）をすることが常態化すれば，即レスは新たな規範となって子どもたちを縛る（新谷 2008：71）。人間関係に対するこうしたメンタリティは，ある新聞の特集記事に記載された女子高生のつぶやきにも見て取れる。

「絵文字のないメールは冷たくていや。音符でも何でもいいからつけてほしい。メールの返事がなければそれで終わり。……朝起きてすぐから寝る直前まで，毎日40～50通のメールをしてる」（朝日新聞 2006）

こうした傾向は，携帯電話からスマホへの移行によりますます強まる。たとえばスマホにインストール可能な LINE*というアプリ**は，そのサービス機能のひとつとして「既読表示」を搭載している。この機能自体は，送ったメッセージに対して受け手が返信せずとも開いた（読んだ）ことが確認できるサービスであり，東日本大震災などの有事における安否確認を想定したものである。しかし子どもたちは，震災のような非常時ではなく平時に LINE を多用するために，次の問題が起こる。すなわち「既読表示」は，メッセージを開いているにもかかわらず無視している（既読スルー）ということが送り手に伝わってしまい，相手と自分との「純粋な関係性」を疑わせるリスク要因になってしまうのである。そのため子どもたちは，相手から来たメッセージに即座に返信するために一日中常時メッセージをチェックし続けなければならない。結果，「LINE 疲れ」と呼ばれる状況に追い込まれる子どもたちが増えていく。

*韓国の IT 企業ネイバーの日本法人，LINE 株式会社（旧：NHN Japan）が提供するインスタントメッセンジャー。スマートフォンなどの携帯電話やパソコンに対

応したインターネット電話やテキストチャットなどの機能を有する。2013年のサービス開始後約19カ月で登録者数が1億人を超え，開始から2年9ヵ月後の2014年4月時点で4億人に到達。利用開始に当たり電話番号を登録するだけという手軽さ，また1対1の閉鎖空間でのコミュニケーションを行えることなどが，Facebookのようなオープン SNS に馴染めないユーザーを捉え，利用者急増の大きな要因となっている。
**アプリケーションソフトウェアの略。コンピュータの稼動自体に必要となるソフトウェアであるシステムソフトウェアに対して，アプリはコンピュータの利用者がコンピュータ上で実行したい作業を実施する機能を直接的に有するソフトウェアである。携帯電話の普及に伴って激増した携帯アプリは，携帯電話上で動くゲーム（携帯電話ゲーム）や各種ツールなどを指す。LINE もそのひとつ。

今の子どもたちの人間関係は，これほどまでに強固に「純粋な関係性」へと追い込まれている。だがこの状況は同時に，子どもたちが人間関係という選択肢以外に生活を充実させる手段を思いつけない疎外感と表裏一体である。関係維持のための言葉や行いという保証を絶えず与え合わなくてはならない状態に不安と息苦しさを感じつつも，彼らはスマホを手放そうとしない。なぜならそうした関係に彼ら自身が依存してもいるからだ。かつては「一匹狼」と呼ばれていたタイプの子どもがいまや「ぼっち*」と揶揄されてしまうほどに，子どもたちはこんにち，孤立することに対して大きな不安を抱えているのである。

*「ひとりぼっち」の略。学校（主に大学）で友人を持たず，一人で居る学生のこと。2ちゃんねる大学生活板の「大学で友達がいなくてひとりぼっち」スレッドが起源とされている。

3 つながりあうネタとしての「万引き」や「いじめ」

このような知見を踏まえたうえで，道徳的な指導の対象になりやすい事例，たとえば「万引き」や「いじめ」といった学校での身近な案件に対する子どもたちの意識を再検討した場合，そこにはどのような傾向がうかびあがってくるだろうか。

たとえば「万引き」について検討してみよう。通常，「万引き」をはじめとした社会問題としての少年非行が注目されるたび，その理由として子どもたちの「規範意識の欠落」が言挙げされる。事実，全国のセルフ販売小売企業を対象に行われた調査においても，万引き行為の背景として犯罪意識の欠落を挙げる割合は回答者の約７～８割を占め第１位である（全国万引犯罪防止機構 2007：4)。他方，同時期に行われた少年の側の意識調査の結果をみると，上記とは異なる側面が浮かび上がる。たとえば「万引きを絶対にしてはいけない」と考える者は全体の約88％（清永・川島 2008：4)。よって規範意識の低下という観点から問題にしなくてはならないのは，残りの12％だということになる。

この調査には，あるひとつの興味深い点がある。すなわち「万引きは絶対にしてはいけない」という本人自身の規範意識と較べ，友人も「万引きは絶対にしてはいけない」と思っているだろうと予測する者の割合は10ポイント以上も低く，約76％にすぎなくなるのである。自分自身にも友人にも万引きを許容する者の割合が全体の約11％であるのに対し，自分は万引きを許容していないが友人は許容していると思う者の割合は14％と高くなる（清永・川島 2008：5-8)。この「落差」が生じる理由については，次の仮説が示唆的である――「この数値は，自分は万引を悪いことだと考えているのに，友だちはそう考えていないだろうとお互いに思い込み，その友だち関係のプレッシャーから，相当数の少年が実際に万引きに関わっているかもしれないことを示唆しています」（土井 2010：83)。

あわせてこの仮説を裏付けるようなデータも存在する。なぜ万引きをするのか，その理由を子どもたちに想像させる複数回答の設問では，むろん「品物が欲しいから」約76％，「お金がないから」約60％との功利的な理由が最多ながら，「仲間外れになりたくないから」が約22％，「友達にやれといわれた」（小学生）約35％，「友達に強要されたから」（中高生）約19％など，友人関係を理由とするものが一定数あるのだ（清永・川島 2008：10-11)。このことはすなわち，万引きが「友だち関係を維持するための行為」（土井 2010：84）として機能しうることを示している。

同様の傾向は「いじめ」にも看取することができる。たとえば内藤朝雄は，仲間集団の凝集性を高めその場の「ノリ」を何よりも重視し規範化する子どもたちの「空気を読む」傾向性が，ある一人のメンバーへの「遊び」や「いじり」をエスカレートさせていくことにこんにちのいじめの特徴があると指摘する（内藤 2009：31-48）。ちなみにこうした「いじり」としての「いじめ」は，被害者を排除するのではなくグループ内に包摂した形で起こり，また被害者側も「仲良しである」加害者メンバーと場の空気に依存し，「友達と仲良しである」場の雰囲気を壊さないように振舞うために，外部からはいじめと見えにくい（内藤 2012：45)。このように「いじ「め」」ではなく「いじ「り」」により継続する人間関係をテーマにした小説のある一節には，この特性がよく示されている。

「いじめなんかよりいじりのほうが全然怖いと思う。一文字違うだけだが，りはめより100倍恐ろしい。……いじりは原因がこれといってない。強いて原因を求めるなら，そいつがとっても面白いということだけだ。一発芸なんかを進んでやるだけだ。人気者といじられキャラは紙一重。紛れもない事実なのだ。それに先生は誰も助けてくれない。じゃれあいととられるだけだ。やられている俺も笑顔という仮面を装着しているのだから，証拠もないし深刻さの欠片もない。いじめなら証拠もあるし先生も敏感に気づく。親も考えてくれる。必要とあれば登校拒否だってできる。いじりには逃げ道がない」（木堂 2007：39-40)

社会において人間関係の自由化が進むなか，人間関係が狭く固定化されたままの学校空間においては，それだけ限られた人的資源のなかで何としてでも人間関係を確保しなくてはならない。その結果，お互いに仲良しであることを確認し続け，互いにそう思っているという振る舞いを共有する行為を果てしなく継続する共依存的な人間関係が生まれやすくなる。場の空気を敏感に察知して自分だけが浮かない「コミュ力」重視の傾向や，場にあった「キャラ」の「いじり/いじられ」によって継続していく人間関係は，こんにちの子どもたちが「純粋な関係性」としての友人関係を求められる学校生活をサバイバルしていくための作法であるといえるかもしれない。

4「つながり重視」偏重を超えて

本章では，こんにちの子どもたちが学校空間のなかでどのような現実を生きているのか，そのありようを彼らの人間関係に着目しながら読み解いていった。「行き過ぎた」やさしさという言葉が象徴するように，子どもたちは絶え間なく空気を読み，摩擦や衝突を最大限に回避しながらなめらかで良好な人間関係を維持しようと尽力している。このような人間関係の作法が規範となった背景には，かつて伝統的な価値観を共有することで一枚岩となっていた世代や共同体といった制度の崩壊，それにともなって台頭した「純粋な関係性」を内包した「人間関係の自由化」がある。気の合う友人だけを自由に選べるために満足度は高いものの，きわめて流動的で不安定でもある「純粋な関係性」を維持していくため，子どもたちは互いに仲良しであることを確認し続け，互いにそう思っているという振る舞いを共有する行為を果てしなく継続することを強いられる。スマホなど進化したデジタルデバイスを駆使し LINE をはじめとしたネットの世界で学校の内外で常に繋がりあっている状態に気疲れしつつ，なおそこで紡がれる人間関係に依存せざるを得ない矛盾を彼らは抱えているのである。

このように相互依存的で閉塞した人間関係に絡めとられた子どもたちにとって，「万引き」や「いじめ」といったネガティブな行為ですら人間関係維持のための手段となりうる可能性があり，それに関わるか否かは場のノリと空気に左右される。事実，子どもたちの多くは万引きやいじめ行為を決して肯定してはいないものの，その行為にコミットする場の空気には逆らうことができず，ノリを壊さないためにしかたなく行為に加担する可能性が示唆されたのである。

こんにちの子どもたちは，このような同調圧力にさらされ，自律性や主体性を持つことから疎外されているといえる。では道徳教育は，そんな彼らに対してどのような形で関わりうるのか？　少なくとも「万引きはやめよう」や「友達どうし仲良くしよう」といった道徳的スローガンを繰り返し叫ぶことがその処方箋になるとは考えにくいだろう。かといって，もはや崩壊している共同体の規範に安易に立ち戻ろうとすることも有効な手立てとはいえない。そもそも子どもたちは，必ずしも規範意識そのものを欠落させているとはいえない。「万引きは犯罪だよ」「いじめは許されないよ」と繰り返し言い聞かせたとしても，彼ら自身も，そんなことは十分に承知しているのである。

むしろ問題は，万引きやいじめが許されないと重々承知していながらもなお，場のノリがそうなってしまった時には断れずに加担せざるを得ないほどに仲間内の同調圧力が高まっていることにあるのではないか。もしそうであるなら，こうした傾向に対して，これまで同様に規範意識の涵養や協調性の育成をただ繰り返し訴えかける道徳教育，あるいは厳罰主義に基づく毅然とした対応を旨とする道徳教育は，必ずしも適切であるとはいえない。むしろこうした場合には，子どもたちどうしの強迫的で依存的な「ヨコの関係」をはずしてゆくための仕掛け，たとえば教師以外のいろいろな大人と出会わせたり，学年や学校種をまたいだ子どもたちの交流を促すなど，同一学齢内の狭くて予定調和的な人間関係を切り崩す方策が有用であるように思われる。

参考文献

朝日新聞（2006）「ケータイ切れるまで——高校生の恋愛（上）」2006年４月26日。

新谷周平（2008）「居場所化する学校／若者文化／人間関係——社会の一元化を乗り越えるための課題」広田照幸編著『若者文化をどうみるか？——日本社会の具体的変動の中に若者文化を定位する』アドバンテージサーバー，62-88。

大平健（1995）『やさしさの精神病理』岩波新書。

ギデンズ（1995）『親密姓の変容——近代社会におけるセクシュアリティ，愛情，エロティシズム』而立書房。

清永賢二・川島宏昌（2008）『万引に関する全国青少年意識調査報告書（平成20年度実施事業）』全国万引犯罪防止機構。

木堂椎（2007）『りはめより100倍恐ろしい』角川文庫。

斎藤環・土井隆義（2012）「若者のキャラ化といじめ」『現代思想 imago：総特集いじめ——学校・社会・日本』緊急復刊12月臨時増刊号，青土社，22-41。

鈴木謙介（2012）「若者のアイデンティティ」小谷敏ほか編『文化〈若者の現在〉』日本図書センター，107-137。

全国万引犯罪防止機構（2012）『第７回全国小売業万引被害実態調査』。

土井隆義（2010）『人間失格？――「罪」を犯した少年と社会をつなぐ』日本図書センター。
土井隆義（2012）『少年犯罪〈減少〉のパラドクス』岩波書店。
土井隆義（2014）『つながりを煽られる子どもたち――ネット依存といじめ問題を考える』岩波書店。
富田充保（1999）「友達だけどけっこう疲れる――気づかいあう仲間関係の現在と可能性」片岡陽子・佐野洋作編『中学生をわかりたい』大月書店，68-86。
内藤朝雄（2009）『いじめの構造――なぜ人が怪物になるのか』講談社現代新書。
内藤朝雄（2012）「いじめをどう見るか――〈いじめ学〉入門講義」『現代思想 imago：総特集いじめ――学校・社会・日本』緊急復刊12月臨時増刊号，青土社，42-49。
原田曜平（2013）『さとり世代――盗んだバイクで走りださない若者たち』角川書店。
見田宗介（1971）「新しい望郷の歌――現代日本の精神状況」『現代日本の心情と論理』筑摩書房，5-16。
森真一（2000）『自己コントロールの檻――感情マネジメント社会の現実』講談社選書メチエ。

（奥野佐矢子）

第3章

道徳教育と禅の思想

道徳教育と禅はいずれも自己修養を促す思想という意味で共通している。しかしそこには相違点もある。禅は仏教のなかの宗派の一部として知られるが，学と名のつく学問分野には馴染まない。なぜなら，禅は直接的な体験に最も重きを置いており，それを言葉で表現することを難しいと捉えるからである。一方で，禅は，人間の生き方について考える上で貴重な示唆を与えてくれる。そこで，本章では，道徳教育と禅のかけ橋を行い，禅の人間形成理論が道徳教育に示唆する内容を明らかにしたい。なお，本章では，2015（平成27）年3月に一部改正された小中学校の学習指導要領における道徳教育の内容分類である「A 主として自分自身に関すること」「B 主として人との関わりに関すること」「C 主として集団や社会との関わりに関すること」「D 主として生命や自然，崇高なものとの関わりに関すること」の4つの視点に即して整理していきたい。

1 禅の人間形成における自己との関わり方

かっとなるといった理由から起こる青少年の暴力や，一方で，感情的な理由がないため周りからは不可解と思われる青少年の犯罪，学校内外を問わずなくならないいじめ，このような問題は克服し尽くされる問題なのか。あるいは克服し尽くすことができないとすれば，我々はこれらの問題にどのように向き合っていけばよいのか。これらの問題に青少年を向かわしめたものは環境なのか，それとも人間の性向なのか。これに対して道徳教育にはどのような対応が可能で何ができないのか。どこまで人間は道徳的な人間になることができ，どこから道徳教育に手に負えない範疇になるのか。

すでに昭和の初め頃から哲学者の西谷啓治によって指摘されていた根本的な人間の問題を，自己の問題，人・集団・社会との関わりの問題，生命・自然・崇高なものとの関わりの問題の，三群に分けて整理してみたい。

まず，自己の問題については，心の底から安心するということができない，自分自身をも信じられない，自分という存在が空しく無意味に感じる，不安を感じる，精神的に満たされない，生きがいを見出せない，人生への絶望や人生の無意味さを感じる，などがある。自分だけの自由，自分だけの幸福，自分だけの利益を追求するというように，すべてにおいて自分の得になるように生きるという意味での自分中心の生き方が大きくなるほど，自分が自分の内に閉じこもってしまい，孤独に陥っていく。それを西谷は，自己の内部での自己相剋，あるいは自己分裂と捉えた。

次に他者・社会・集団との関わりの問題については，信頼関係が薄まる，自分の方が絶対に正しいと信じる度合いが強い，友人や仲間に溶け込めないものを心の底に感じる，などがある。人間は人間らしさを失うにつれ，相手をも人間として尊重する気持ちを失ってしまう。閉じこもる自己や自己分裂をする自己は，それが自分自身だけの問題だけでなく，他者との関わりにおいても歪みを生み出していく。

また，生命・自然・崇高なものとの関わりの問題については，自然を人間の存在の場として見る見方が忘れられ，人間と自然界とが根本的に交わる点をもたなくなったことなどがある。そして，これらの問題群の背後には，科学，テクノロジー，技術，機械，人間中心の世界観，精神的空虚，加速化といったキーワードで示される近代的な社会的変化があると西谷は見ていた。

禅がこれらの問題を一挙に解決してくれるかというと，結論からいえば，そうではないだろう。しかし，禅はこれらの問題を把握する仕方を変える別の視点を提供してくれる。禅は環境についてはとりあえず措き，一刻一刻の一人ひとりの心の状態を問題にするのである。禅はわが国の歴史において，平安時代から鎌倉時代の武士たち，さらには明治期における若者たちを魅了してきた。そして現在，アメリカなどの海外でも注目されてきている。わが国でも坐禅やヨガのブームが見られる。ここから，人々が個人単位で心を安定させることの意義を再確認している姿を読みとることができる。

さて，本節では，禅の人間形成における自己が，いかに生きるのかについて，安心，瞑想，自由，無心，鈴木大拙，道元をキーワード・人物として論じたい。道徳教育の内容分類でいえば，「A 主として自分自身に関すること」に相当する内容である。安心とは，禅では「あんじん」と読み，心の平和を得ること，動じないことをいう。ふと自分を振り返ってみるとき，我々は自分自身の心ひとつさえも安心に保つことが難しいことに気づく。一時の安心も，何かの拍子にすぐさま，動揺や不安，そして焦りや憤りに変わってしまうことは，この自分自身が最も知っていることである。常に安心でいられるようにするために，瞑想というトレーニングがある。坐って行ったり，立って行ったりすることがあるが，重要なことは，心を一つのもの，たとえば自分の呼吸の一息一息に集中することによって，いらいらや不安などをなくしていくというところにある。これが禅によって得られる心の状態の基本であり，言い換えると，心が自由になるということである。すなわち，自分による自分の心への束縛から解放されるということである。我々は，周りの人たちから自分の心が束縛されていると考えがちである。しかし，実際のところ，自分自身が自分の心を束縛していることが多くあるということに，瞑想のトレーニングは気づかせてくれる。

自分自身による束縛がなくなるとき，なぜか周囲からの束縛が気にならなくなり，あるいは束縛はもともとなかったことに気づき，心が自由になる。その心は利己的でなく，何ものにも執着しない。人間は，自分を中心にして物事を考えるのが当たり前のことであり，それが主観なのであるが，自由な心の状態においては，多面的に物事を見ることができる。したがって，偏った見方で物を見るということが少なくなる。それを禅では「無心」という。ここでの「無心」の「心」とは，これまでの雑念がくっついた心のことを指しており，「無心」とは，雑念のない自由な安心の心を指している。禅においては「無」という言葉がキーワードである。これは何も無いという否定の概念と捉えられがちであるが，そうではなく，逆に肯定の意味を持っている。これについては次節で詳しく論じたい。

さて，鈴木大拙と道元は別時代の人物であり，大拙は明治期から昭和期の人物で，禅を ZEN として海外に広く知らしめた仏教者であり，道元は鎌倉初期の禅僧で曹洞宗の開祖であるが，いずれも，ここまで述べてきた安心の心の状態を率直に表現しているため，ここでその言葉を挙げたい。

> 自分自身の主人であれ。　　　　（鈴木大拙著，月村麗子訳『仙厓の書画』）

自分を他者と比較して落ち込んだり，あせったり，また逆に優越感に浸ったりするのは，自分自身の主人となっていない証拠である。これはもちろん，利己主義を良しとしているのではない。逆である。利己的でないからこそ，自由で創造的に，自分自身の主人となることができるのである。

> 仏道をならふといふは，自己をならふなり。自己をならふといふは，自己を忘るるなり。自己を忘るるといふは，万法に証せらるるなり。
> （道元『正法眼蔵』「現成公案」巻）

道元は若い頃，宋に学びに行った際に出会った，老いた禅院の台所方を務める者に対して，なぜ老年になってそのような台所の仕事を一生懸命行っているのか，なぜ坐禅などの修行を行わないのか，と問うたという。そこで老いた者は道元に対して，まだあなたは仏教とは何かわかっていないようだということを答えたという。道元が結果的にわかったことは，坐禅をすることが修行なのではなく，日々の生活のなかで安心の心持ちで取り組むすべての生き方が修行であるということであった。坐って安心を保つのは比較的容易であるが，その心を雑多な日々の生活のなかで保つよう努めることこそが，禅の目指す自己との関わり方なのである。また，道元が十代の頃から疑問に思っていたことに，人間は本来覚っているので，修行をしなくても，そのままで良いとする思想があったことが知られている。この疑念を晴らすため，道元は人生をかけてその答えを発見していくわけであるが，見つけ出したその答えとは，修行そのものが覚(さと)りであるということであった（「修証一等論」）。これは時代を超越して現在でも追究すべき問題である。命あるものは生まれながらに尊厳性をもっている，あるいは命無い物にも尊厳性があると考える場合もあるが，であるからといって向上を止めてしまってはならないという真理がここに描かれている。

2 禅の人間形成における人・集団・社会との関わり方

前節では，禅が求める自己の生き方について，特に自分の心に焦点を当てて論じてきた。本節では，そのような心の自己が，人や集団，そして社会といかに関わるかについて，禅文化，十牛図，白隠，鈴木正三，自利利他，久松真一をキーワード・人物として明らかにしたい。道徳教育の内容分類でいえば，「B 主として人との関わりに関すること」および「C 主として集団や社会との関わりに関すること」に相当する内容である。

まず禅文化といえば，禅美術や茶道，そして華道や剣道，書道といった道と名のつく文化を思い浮かべることが多い。なかでも禅文化の一つである「十牛図」は，禅が捉える自己形成と世界との関わりを表した内容として知られている。わが国では室町時代に流布した廓庵の「十牛図」がよく知られていたようだ。「十牛図」についてはさまざまな解釈がなされており，いずれの解釈も許されている。もともと，直観的な覚りを求めるための題材として世に現れたものであるが，それはまた哲学的な観点から自己を省察するための資料としても紹介されてきた。「十牛図」の第一「尋牛」から第七「忘牛存人」までは，牛を見失った牧人が，牛を見つけ捕まえて，その牛に乗りながら家まで到着する内容の一連の七図である。本節では，牛と牧人と家をそれぞれ，現在の自分，追い求められる理想的な自分，そして一旦の自己実現を果たしたという満足感を象徴するものと捉えてみたい。

もともとの牧人は，将来進むべき方向に迷っている自分，周りに流されがちに日常生活を送っている自分であったかもしれない（第一「尋牛」)。しかし，一旦，牛の足跡を見つけると，自分が探し求める方向が見えてくる（第二「見跡」)。牛の足跡をたずねていけば良いからだ。ようやく求めるべき理想的な自分の姿を見つけ（第三「見牛」)，それを捕まえると最初は苦しいが（第四「得牛」)，その後，牛は従順になってくる（第五「牧牛」)。つまり，意識的に努力しなくても，理想的な自分が自分本来の姿として馴染んでくるのである。そし

第六　「騎牛帰家」　　　　第十　「入廓垂手」

図３－１　十牛図（一部）

（出所）　京都相国寺蔵の伝周文筆「十牛図」。上田閑照・柳田聖山『十牛図　自己の現象学』ちくま学芸文庫，1992年，口絵）

ていつの間にか，向かうべき方向である家に牛が連れていってくれるのである（第六「騎牛帰家」）。しかしここで満足してしまっては，単に自己満足に終わってしまう。自己形成にとっては，ここからが重要なのである。安心とは，心の平和を得ること，動じないことであったが，そのような自分は自己の満足にとどまらず，世界に出て作用するのである。

世界での作用の仕方にはさまざまある。国際的な場での華々しい活躍もあれば，与えられた環境のなかで着実に自分の役割を果たすということもあるだろう。学童期にあれば，学級のなかで自分の長所を活かして活動し，家に帰っては家庭のなかでの子どもとしての役割を果たしていく。自分だけ楽しく生活できればそれで良いわけではなく，常に周りと関わっているということを意識させられれば，自分の生き方に責任感が付随してくる。心は安心であり（第八「人牛俱忘」），周りの人たちや物事を見るときは偏見なくそのままを見てそのままを受け容れ（第九「返本還源」），そして人・集団・社会のなかで周りの幸せに役立つ自分として自分自身を活かしていく（第十「入鄽垂手」）。それはまるで布袋のにこやかで柔軟な生き方のイメージを思い起こさせる。なお，布袋はわが国では七福神の一柱として思い浮かびやすいが，中国の唐代に実在したとされる伝説的な僧として知られる。禅文化の一つとして，ここでは「十牛図」を紹介したが，このように，安心の自己は世界で作用する自己でもある。その作用の仕方というのは，安心の自己であって健全な作用となるのであり，安心でない自分が作用するときには，その作用の仕方は歪み，偏り，軋みを起こしてしまうことに注意したい。

さて白隠は，江戸中期の禅僧であるが，多くの書画の禅美術を残している。「十牛図」や白隠禅画は，禅が絵によっても表現され，伝承されていくものであることを表している。禅が，不立文字，言語道断，以心伝心，すなわち，文字で表すことができず，言葉で言い表せず，心を通して伝わるものとされる一方で，それと同時に，禅の心は，絵によって，すなわち言葉を使わずに伝えることのできる内容であるということがわかる。これは禅の自己形成論が必ずしも東洋のものだけではなく，西洋にも通じるものであるということを示唆している。

鈴木正三は，三河武士出身の江戸時代初期の禅僧である。いずれの宗派にもこだわることがない禅者として，実践的禅を復興した。彼の職業倫理は『万民徳用』の中で描かれており，日々の職業生活の中での信仰実践が説かれている。例えば，恩を知る心や自己の非を知る心，さらに慈悲や正直の心などは自分の心を軽くする心と捉えられ，一方で油断の心，義理を知らない心や無慈悲の心，恩を知らない心などは自分の心を重くする心であることが論じられる。また，自分の弱い心に勝てば心は軽く明るくなり，負ければ心は重く暗くなると捉えている。自分自身の心を自由に操ることができるのであれば，それぞれの置かれた環境のなかでの制約がありながらも，重苦しい心ではなく，軽やかに自由に生きていくことの意義を正三の思想は教えてくれる。

前述の西谷は，心の閑について考察し，いかに忙しくても同時に心は忙しくないということ，動のなかに静があり，静がそのまま動であるところが心の閑であると捉えている。すなわち，心が忙しいか静かであるかは，日常生活において忙しいか余裕があるかには関係がないということである。どれだけ静かな山奥にこもっても，心が絶え間なく動いてざわつくということはあり得るというのである。小さな自我が主となるということではなく，それぞれの自分の小さな我を張るのではない，大きな主体性がそこにはあり，大きな全体の立場を踏まえた立場，その時々に全体の立場を踏まえている立場において大きな主体性が働くという。具体的な例としては家庭があり，家庭が親子・兄弟・夫婦というくつかの人間関係の複合で成り立っており，一人ひとりの人間がそれぞれ複合的な役割をもっていること，その中で一人ひとりがさまざまな役割を兼ねることにより，各人が全体を担っていることが指摘されている。その時々の関係で自分の我をなくし，そのようにして各人がそれぞれの機能を果たすことによって，小さな我を張っていたらできないところの，全体を生かす力になることができるとしている。

大乗論典の「瑜伽師地論」は，禅の実践者の修行や覚りの境地を描くものであるが，そのなかに「自利利他」をテーマに説く一章がある。これは，利己主義か利他主義かいずれか一方を選ぶ両極端な思想ではなく，現実社会には馴染まない理想主義でもない。また，自己犠牲的思想でもない。すなわち窮屈な生き方を強いる立場でもなく，人間の本来的な自他関係の在り方といえる。この「自利利他」を根拠づけるものは，自分と人・集団・社会はつながっているという世界観である。道徳教育の内容項目における「自分自身に関すること」は，自己形成という意味では自利的側面が大きい。しかしそれは，人・集団・社会に対して間接的あるいは長期的に見ると利他的側面を持ち合わせている。道徳教育の内容項目における「主として人との関わりに関すること」および「主として集団や社会との関わりに関すること」については，対他的な内容であり，言うまでもなく利他的側面が大きい。しかしそれ自体が自己形成であるという点で自利の側面も持つため，そのまま「自利利他」であるといえる。このように，自利とは自己形成の意味合いを大きくもつ概念である。

続いて，久松真一の FAS 禅について言及したい。久松は昭和期の仏教者であり，FAS すなわち Formless self（無相の自己）に覚め，All mankind（全人類）の立場に立ち，自ら創造した歴史に自縛されることなく Superhistorical history（歴史を超えた歴史）を創ることを目的とした。「無相の自己」というように，無についての考察を深めている。無というと，我々は何も無いこと，真っ暗を想像することがある。すなわち，否定的なもの，克服すべきこととして捉えやすい。しかし，無はその後の甦（よみがえ）りを秘めたものであり，禅では無を積極的に捉えるのである。自分の偏見を「無」くし，自分への執着を「無」くすことによって，全人類の立場に立てる自分への甦りが可能となる。

3 禅の人間形成における生命・自然・崇高なものとの関わり方

前節では，禅によって求められる人・集団・社会との関わり方について，周りに対して偏見なくそのままを見て受け容れ，周りの幸せに役立つ自分として自分を活かす生き方について考察した。さて，本節では，そのような自己が生命・自然・崇高なものといかに関わっていくのかに焦点を当てて禅の人間形成理論を論じたい。キーワード・人物は，西田幾多郎，神，善財童子である。

無を通して自由になった自分は，目に見えるこの世界だけでなく，その「無」を通して，限られた世界のそのまた外に開かれる。この世界の外について，わが国の哲学者である上田閑照は「虚空」と捉え，世界を超えて世界を包むこの虚空に「無」を通して開かれることによって，自己は人間存在の限界を知り，侵すべきでないものを侵さない自制をすることが可能となると捉えている。古来，神や天と我々が呼んできたものに対して，それらの有無を哲学的に論じることは道徳教育においては必須ではないかもしれない。一方で，そのような概念に思い至る人間の慎み深さが，人間の止まることを知らない欲望を抑制する仕組みをもっていることに着目すべきである。

文明の発展が何のためにあるのかということを問い直すとき，文明の発展は目的ではなく手段であることに気づく。文明の発展が人間を奴隷化してしまう危険性をはらんでいることは，禅の思想家たちがいつの世にも憂いていたことである。人間の奴隷化とは，マニュアルを人間が使うのではなく，逆に人間が使われてしまうこと，機械に合わせて人間が働かなければならなくなること，人間の造った文明の機器に人間が脅かされること，などを指す。利便性，快適性，効率性をどこまでも追求することにより，生命・自然・崇高なものが目に見えなくなるときに人間が人間を自ら奴隷化してしまうということを常に念頭に置く余裕が必要である。

明治期から昭和期にかけての，わが国を代表する哲学者の西田幾多郎は，神を無限の活動の根本と捉えた。人間が行う活動，自然の活動，この世の中のさまざまな創造的で自由な活動によって，神の本質が少しずつ現われてきていると捉えるのである。そうであるならば，何に対しても人間はそのなかに神を見出すことができるということになるだろうか。

どこにでも神が存在するという考え方は，『大方広仏華厳経』，通称『華厳経』という初期大乗仏典のなかに出てくる善財童子という登場人物が，何十人もの人々に出会いながら自己形成をしていく姿の基礎となる考え方である。善財童子が出会う者たちのなかには，神々や修行僧，そして国王や資産家もいれば，少年や少女まで，多種多様であった。善財童子はそれらの者たちが述べることに対して，端から退けたり否定することはなかった。善財童子は旅を始める前に，途中で疲れたとか，嫌になったなどとは言ってはならない，人々が言うことを誤りだと言い出してはならない，と忠告されていたのである。ともすれば，自分とは考え方の違う人の言う意見や，自分よりも年下の人の言うことを，人は軽視したり退けたりしてしまう。しかし，善財童子の物語が教えてくれることは，どのような人の意見もいったん聞いてみて，自らの人間形成の材料としていくことの意義である。善財童子が最後に出会った人物は，善財童子に次のように告げた。自分はわずかでさえ，怒ったこともなければ，怠ったこともない。迷惑の心も起こさなかった。絶対に自分一人の利益のために生きたいなどと考えもしなかった。おそらくこの人生観に善財童子も到ったのであろう。そしてその背後には，他者の異なる見解を退けない，他者のなかに尊厳性を見ることを継続するという長い人生経験があったのである。善財童子の旅は，生まれてから死にゆくまでにさまざまな人に出会い相互に影響し合い生きていく我々の人生に対応すると見ることができるのである。

4　世界のなかの禅

以上，本章では，2015（平成27）年に改正された道徳教育の内容分類に従って，禅の人間形成理論が道徳教育に示唆できることを考察してきた。さいごに，禅の歴史と今後の可能性を概観したい。禅の特徴として，インドで興った仏教そのものではなく，中国的・日本的に変換された仏教のなかの一つであり，理論よりも実践面に重きが置かれることがある。もともと，サンスクリットで結跏趺坐と言ったものを，中国語に音写し，「禅那」と書き，その短縮形の「禅」としてわが国で知られるようになった。仏教は上座部仏教と大乗仏教とに分けて捉えられるが，禅は後者に含まれる。6世紀初めの南インド出身の菩提達磨を開祖とし，8世紀すなわち初唐に，中国で発達したものである。中国では五家七宗に分派した。わが国では，栄西を祖師とする臨済宗と道元を祖師とする曹洞宗がよく知られる。戦後は青年の修養のためというよりも，歴史や文化として見られることが常であった禅は，今後，そのより根源に注目が集まり，より学際的な分野として研究され，その可能性が期待されるだろう。たとえばその動向を示すものとして，仏教心理学の動きがある。具体的には，瞑想を科学的に精査する視点から，精神医学との関わりやその効果等が検証されてきている。道徳的な自己となるための効果的な方法としても，禅が方法として使われる時代がやってくるようである。そしてこれは洋の東西を問わず，文化や民族も問わない方法として関心が向けられるかもしれない。

本章では，道徳教育の内容分類である「A 主として自分自身に関すること」「B 主として人との関わりに関すること」「C 主として集団や社会との関わりに関すること」「D 主として生命や自然，崇高なものとの関わりに関すること」の4つの視点に沿って考察を進めてきたが，そもそも禅を生み出した大乗仏教それ自体は，この観点で徳目を整理してはいない。大乗仏教の徳目として一般的に知られるのは，布施，持戒，忍辱，精進，禅定，智慧の六種である。禅はいうまでもなく，このなかの禅定に相当する。はじめの布施から，簡単にその内容を整理すると，まず布施には与えるという意味がある。もちろん，物質だけでなく，怖れを取り除くといった布施もそのなかに含まれる。次の持戒は，規則を守ることであり，集団の規則もあれば，自分自身で決めた習慣的な決まりもある。続いて，忍辱は苦難を堪え忍ぶこと，精進は絶え間ない自己成長の実践，智慧は偏りのない見方で物事を捉えることである。これらの6つの徳目は，自分自身に関することもあれば，人との関わりに関することもあり，4つの視点に散りばめられている。4つの視点における道徳の内容項目がそれぞれ相互に深く関連し合っているのと同様，６つの徳目も相互に密接に混ざり合っている。

特に2015（平成27）年の道徳の学習指導要領の一部改正においては，それぞれの内容項目がキーワードとして，たとえば「自主，自律，自由と責任」などとして示されるようになった。自分自身に関することについていえば，精進（やり抜く精神）や持戒（節度）に関する内容が多く含まれており，人との関わりに関しては，布施（思いやり）や智慧（偏りのない見方）が多く含まれている。さらに，集団や社会との関わりに関しては，一員としての「自覚」という表現が多く見られることに示されるように，自分の心が安心となった上での（すなわち禅定），覚めた働きが「自覚」であるといえる。安心の心から出てくる働きは，人任せではなく，責任逃れではなく，衝動的なものでもなく，享楽主義のものでもない。仏教では「自覚」とは覚るという意味であるように，偏見のない目覚めた心を指すのである。また，人，集団，社会との関わりに関しては，「人間愛」や「敬愛」の表現が多く見られる。父母，祖父母への敬愛の念，教師や学校の人々への敬愛の念，先人や高齢者への尊敬などと，道徳教育の項目内容においてはわかりやすく例示的に類型化されて示されているが，それらを貫く原理として慈悲を据えることが可能である。慈悲は対象を問わない純粋な愛であり，あらゆる他者に対する心情や実践として働くものであり，憎しみに転じることがなく，根源的な道徳原理の一つといえるからである。そして慈悲とは，仏教の六つの徳目においては布施に関わりが深い。すなわち愛を与えるということである。優しい表情やあたたかい言葉，小さな気遣いもすべて布施といえるのである。子どもたちにとって，最初の人倫的組織である家庭，あるいは幼少時から青年期にかけて長い年月を過ごす学校は，慈悲に満ちた環境であることにより，そこで自然に，ある時は教育のなかで，慈悲の心情と実践の方法を理解していくことができる。子どもたちは自分の尊厳性を尊重して接せられることにより，他者の尊厳性をも理解することができるようになる。そして他者に優先して自分を守ることよりも，他者の幸せを願う生き方の喜びを経験することができるようになる。さいごに，四つの視点の四番目の項目である生命，自然，崇高なものとの関わりに関しては，禅定に基づく智慧に相当するといってよいだろう。尊さや崇高さというものは，すべてに存在する。それを仏教は常々「仏性」という言葉を用いて表現してきたし，西田は無限の活動の根本である神と捉えた。

智慧は知識ではないため，断片的な知識をいくら覚えても，智慧にはならない。智慧とは己の生きる指針を与えるものであり，世界に対する見方であり，目的を与えるものである。この智慧は，浮ついた心からは生まれてこないため，やはり背後には禅定が必要となる。以上，このように，道徳教育の内容項目を，禅を生んだ大乗仏教の6つの徳目の観点から見ることにより，さらに道徳教育の内容項目の相互の密接な関連性が浮かび上がってくる。

禅を単に仏教の一派として捉えるのでなく，歴史の残滓として捉えるのでもなく，現にある自己の生き方に示唆を与える思想として捉える観点，これが本章で行ってきた道徳教育と禅のかけ橋を可能とする観点であった。さて，これからの道徳教育にこれらをいかに活かすか。方法はさまざまにある。たとえば，自分の呼吸を意識して瞼を閉じて数分，心を落ちつける時間をとる。人・集団・社会のなかでどのようにして人の幸せのために自分を活かすことができるかを考えてみる。そして世界で健全に作用するには，安心が身に付いた上での作用でなければならないことを確認する。世界よりさらに外の，神や天と呼ばれる存在を意識しながら，自ら自分の生き方が暴走していないかを内省する。禅が示していることは人間が生きる上で当たり前のことであるかもしれない。しかし当たり前であると思われるからこそ，忘れてはならないことである。

参考文献

井上ウィマラ・葛西賢太・加藤博己編（2012）『仏教心理学キーワード事典』春秋社。
上田閑照（2000）『私とは何か』岩波書店。
上田閑照・柳田聖山（1992）『十牛図　自己の現象学』ちくま学芸文庫。
鈴木大拙著，月村麗子訳（2004）『仙厓の書画』岩波書店。
中村元（1956）『慈悲』平楽寺書店。
西田幾多郎（1950）『善の研究』岩波書店。
西谷啓治（1986-1995）『西谷啓治著作集』全26巻，創文社。
久松真一（1970）『東洋的無』理想社。

久松真一（1987）『茶道の哲学』講談社。
森本公誠編（1998）『善財童子求道の旅　華厳経入法界品』東大寺。

（岩瀬真寿美）

第4章

道徳教育における哲学的基礎

本章のねらいは，『小学校学習指導要領』（以下，『要領』と略記）と『小学校学習指導要領解説』（以下，『解説』と略記）に照準を定め，よりよく生きるとは，いったい，どのような営みを指すのか，という，まさに哲学の主題を射程に入れて，道徳科を捉えるための視座の一つを提示するところにある。

日本には「三つ子の魂百までも」という格言がある。確かに，これを額面どおりに受けとるわけにはいかない。けれども，わたしたちにとって，小さいころの体験は，その後の成長に少なからず影響を与えている。幼少期に受けた心の傷がおとなになっていろいろな形で現れるという事実を考えれば，そのことは容易にうなずける。この点からすると，わたしたちが小学校で展開しようとする道徳教育は，子どもたちにとって重要な位置にあるといわなければならない。小学校にもっぱら焦点を絞って道徳科の要点を確認しても，それは無意味ではなかろう。

本章では，『要領』が注目する道徳的価値に目を向け，よりよい生き方という観点から，道徳的価値の本旨を浮かびあがらせて，道徳教育のあり方に迫りたい。

1 道徳的価値の位置づけ

（1）道徳的価値についての理解

『要領』は，道徳科の目標を次のように規定している。

> よりよく生きるための基盤となる道徳性を養うために，道徳的諸価値についての理解を基に，自己を見つめ，物事を多面的・多角的に考え，自己の生き方についての考えを深める学習を通して，道徳的な判断力，心情，実践意欲と態度を育てる。

この言い方からわかるように，『要領』は，道徳性を，わたしたちがよりよく生きるための基盤に位置づけている。『解説』に拠っても，それは，「人間としてよりよく生きようとする人格的特性」である。だから，道徳性は，わたしたちがよりよく生きようとするときに，わたしたちが下地としてもっておくべき資質である。それでは，よりよく生きるとは，どのような生き方をいうのであろうか。そもそも，わたしたちは，生き方のよさをどこに求めればよいのであろうか。これは，善とはなにか，という哲学の基本的な提題である。この主題は，本章の目的をすでに完全に超えているので，それに真正面から挑むわけにはいかない。とはいえ，その一方で，道徳教育の哲学的基礎を考えようとすれば，やはりそれを避けては通れない。

うえで引いたように，『要領』に依拠すれば，子どもたちが道徳性を身に付けるには，つぎの四つが必要である。(1)「道徳的諸価値についての理解」，(2)「自己を見つめ」ること，(3)「物事を多面的・多角的に考え」ること，(4)「自己の生き方についての考えを深める」ことである。一見したところ，ここには，ほかの人に対する視点がないように思われる。しかしながら，たとえば，『要領』の総則は，一人の人間としてほかの人といっしょに生きるという点を強調している。しかも，『要領』は，道徳科の内容として，「主として人との関わりに関すること」と「主として集団や社会との関わりに関すること」を盛りこんでいる。道徳科は，けっして他者という視点を等閑に付しているわけではない。それにもかかわらず，なぜ，『要領』は，「目標」のところで，それに言及しないのであろうか。本章では，この問いも含めて，特に『要領』が力点を置いてる道徳的価値に焦点を絞り，道徳教育のあり方を模索して，よりよく生きることの意味を探ってみよう。

『要領』の記述に沿うかぎり，道徳科は，自己を中心に置いて，子どもたちが自らの生活を省みるように促そうとしている。この背景には，『解説』の叙述にあるように，つぎのような見方が横たわっている。すなわち，子どもたちは，「自己の生き方を考え，主体的な判断の下に行動し，自立した一人の人間」である，と。この点にかんするかぎり，道徳科は，一つの独立した子どもの内面を重視する，いわば内省的個人主義に立っている。子どもは，ほかの人に隷属せず，自らの生活の主人公として，自らの考え方に従って生きようとしている。道徳科は，そのような歩みを子どもたちに期待している。そのうえで道徳科が注目するのは，「道徳的諸価値についての理解」である。『要領』の記し方に則ると，それは成長の基礎である。『解説』は，こう言明する。「児童が将来，さまざまな問題場面に出会った際に，その状況に応じて自己の生き方を考え，主体的な判断に基づいて道徳的実践を行うためには，道徳的価値の意義及びその大切さの理解が必要になる」。子どもたちは，自らに目を向け，自らの立てた方向に沿って，自らの人生を形づくっていこうとしている。『要領』と『解説』に準拠すれば，そのときに，子どもたちは，道徳的価値を知っておかなければならない。

（2）道徳的価値の難しさ

『要領』は，道徳的価値の一つとして，「よいことと悪いこととの区別をし，よいと思うことを進んで行うこと」を挙げている。なにをしてなにをしてはならないのか，その判断をきちんとして，すべき行いをする，というのは，どのような時代であっても，わたしたちに必要な考え方である。それは，老若男女を問わず，身に付けておく素養である。『解説』が述定しているように，そのような態度を支えているのは，「自らを信じる姿勢」である。というのも，わたしたちは，自らに自信がなければ，たとえ正しいと思っている意見であっても，それの採用にためらいを覚えるからである。だから，子どもだけではなく，わたしたちは，みな，自らの正しい考えに確信をもち，それを基準にして，善悪を見分け，行為しなければならない。

しかしながら，これを実際に遂行するのは，たとえ善悪を判断できるはずのおとなにあっても難しい。してはならないとわかっていても，ややもすると，そのほうに流れてしまう，というのがわたしたちの実情である。『解説』は，「学校における道徳教育は，児童の発達の段階を踏まえて行わなければならない」と明言している。『要領』に拠れば，「よいことと悪いこととの区別をし，よいと思うことを進んで行うこと」は，第１学年と第２学年で学習すべき道徳的価値である。だから，わたしたちは，つぎのように告白せざるをえない。すなわち，さまざまな道徳的価値に接しそれらの重要性を悟っていると思われるおとなのわたしたちですら，発達の低い段階にいると考えられる子どもたちの学ぶ道徳的価値を十分に実現できていない。

2 消失点に依存する道徳教育

（1）理念としての道徳的価値

前節で述べたように，『要領』は，子どもたちが道徳性を育むために欠かせない要素として，道徳的価値を位置づけている。とはいうものの，『要領』の示す道徳的価値を額面どおりに受けとれば，それは，おとなですらけっして実現できない目標になってしまっている。

このような言い方に対しては，こう反論できる。なるほど，「よいことと悪いこととの区別をし，よいと思うことを進んで行うこと」の完全な実施は，未熟な子どもであろうと，成熟したおとなであろうと，困難である。しかしながら，子どもに比べれば，おとなは，ものごとの道理を知っているから，分別のある行いを子どもよりも着実に進められる。それでは，子どもは，善悪の区別もできずに，悪いふるまいをしてしまいがちであるのか。けっしてそうではあるまい。子どもは，もっと素朴な思いから，素直にふるまっているのではないか。子どもの所業に悪意がない場合もある。その意味では，知識があるだけ，おとなの犯す罪は，子どものそれと比較して，深くて重い。なぜ，『要領』は，おとなの手にも子どもの手にも届かない道徳的価値を掲げるのであろうか。

『要領』は，日本の道徳教育の準拠枠を示しており，学校の具体的な事情まで網羅していない。それゆえ，『要領』は，それぞれの道徳的価値を抽象的なし方で置いている。いま注目している道徳的価値で言えば，それは，分別のある行いの一般的な理念である。それは理想であって，それに到達することが重要であるのではない。むしろ，わたしたちは，それに少しでも近づけるように不断に努力を重ねていかなければならないのである。

しかし，この応答には，到達できない理想にどれほどの実際的な意味があるのか，と問い返せる。というのも，そのような理想は，たとえていえば，透視図の消失点であるからである。透視法，あるいは，遠近法は，平面で奥行きを描きだすための画法である。どこまでも続く線路を，遠近感も併せて一枚の紙に表現したいときに，一点透視図を用いる。まず，紙に一本の水平線を引く。つぎに，その水平線に一点を定める。そのうえで，紙の手前から二つの線路を当の一点に収斂させれば，奥のほうにずっと伸びていく線路を描ける。このように，一点透視図では，平行な直線は，水平線の一点に集まって，やがては消えていく。これが消失点である。なるほど，一点透視図の線路がその消失点のほうに延びていくように，道徳的価値を抽象的な理念としてそこに置けば，わたしたちの行いは，それに向かっていきはする。とはいえ，わたしたちは，そのような理想にはけっして辿りつけない。どこまで進んでも果てがなければ，その歩みの目指すところは，幻想である。いくらすばらしい目標を立てても，その実現の可能性がほとんどなければ，その意義は，やがては消散して，わたしたちから見えなくなってしまう。サッカーを始めたばかりの子どもがワールドカップを意識した練習に挑んで，いったい，どのような効果を期待できるというのであろうか。子どもたちの実際の様子を考慮せずにひとつの理想として設定するねらいは，消失点になりがちである。

（2）消失する道徳的価値

このように考えてくれば，道徳的価値を消失点とみなすべきでないのは，もはや明らかである。道徳的価値は，そこにはない。どこにそれを設定すればよいのか。その選択肢は，一つしかない。それは，線路のうえである。すなわち，道徳的価値は，子どもたちの経験が進んでいく途上で浮かびあがってくるのであって，それが果てたところにはない。道徳的価値は，子どもたちの体験に根ざしていなければならない。しかも，線路上の点は，それよりも手前にある線路が行きつく場所であり，そこから線路は消えさらずにふたたび続いていく。手前にある線路を過去に見たて，それよりも先にある線路を将来と見なせば，線路上にある道徳的価値は，過去を担い将来を見とおす箇所にある。これに対して，消失点の向こう側には線路はない。消失点に道徳的価値を係留してしまえば，それに接近することだけが行為の目的となる。それゆえ，子どもたちの将来をその向こう側に見てとれなくなる。換言すれば，新たな可能性は，消失点に吸いこまれる線路のように消滅する。

教室では，線路は，単線ではなく，複線である。教室には複数の子どもがおり，子どもたちのそれぞれの経験は，ほかに還元できない独自な特質を備えている。たしかに，小学校では，一人の担任がほとんどの教科を教えるので，子どもたちの学習する内容は，基本的には均質である。しかしながら，子どもたちの家庭的環境は異なっている。画一的な部分が多い日本であっても，各家庭が大切している価値は，完全には一致しておらず，細かな部分で違っている。子どもたちにしても，遅く寝たり，朝食を食べなかったり，あるいは，学習塾に通っていたり，スポーツクラブに入っていたりして，生活の送り方にも差異がある。このように教室ではさまざまな線路が錯綜して交差している。いうまでもなく，子どもたちの学びは，教室のなかにある。だから，子どもたちは，自らに閉じたし方で道徳的価値に関わるわけにはいかない。『解説』が「他者の多様な考え方や感じ方に触れること」に言及しているように，内省的個人主義だけでは運営できない局面が道徳の授業にある。つまり，道徳の授業では，教室という共同の空間も無視できないのである。

3 道徳的価値の特性

（1）具体的な脈絡にある道徳的価値

第二節の考察に従えば，わたしたちは，道徳的価値を子どもたちの多様な経験のなかに埋めこまなければならない。『解説』の言葉を借りていえば，「児童が道徳的価値に関わる事象を自分自身の問題として受け止められるようにする」必要がある。そのためには，道徳の授業で扱う教材は，子どもたちの実相から離れた消失点に置くべきではない。教室のなかで子どもたちが現実に直面している生活の問題に道徳的価値は現れているのである。

たとえば，ある子どもの靴が下駄箱からなくなっていて，ほかの子どもたちがそれを隠していたとしよう。別の子どもがたまたまその現場に通りかかっていて，その子どもは，担任にそれを報告する。多くの場合，ことを荒だてる必要はない。担任は，その集団，被害にあった子ども，目撃者を呼びだし，事実を確かめたうえで，そのようないたずらをしないように当の子どもたちを諭せばよい。とはいえ，事態が深刻である場合もある。この事件は，教室で起こっているいじめの一つの現れであるかもしれない。しかも，そこには，関係者のなかだけでは解決を図れないような要因が伏在しているおそれもある。

そのようなときに，この靴隠しは，初めて教室の問題として浮上してくる。それはなにを示唆しているのか。ほかにも別のいじめがあるのではないか。こうした課題に，子どもたちは向き合わなければならない。そうではあるけれども，前節で示したように，子どもたち一人ひとりがばらばらにそれらを考えるのではない。子どもたちは，否応なく，ほかの子どもたちのいる教室に入っている。言い方を換えれば，子どもたちは，担任とともに，それぞれ同じ一つの空間を共有している。このようにして，教室のなかで話合いの場を設けることの要請が出てくる。

教室で起こる問題については，当然のことながら，あらかじめ定まった解決の方策はない。もしもそのようなものがあれば，それは，上述した消失点になる。なるほど，担任は，その方向に子どもたちの考えとか教室の議論とかを持っていけはする。しかしながら，それを実現しようとすると，担任は，ことが起こるまえにそれを設定しておかなければならない。一点透視法では，先に消失点を置いて，それに集まるように線を引いて，奥行きを表現する。これと同じように，教師の用意する解答は，子どもたちにとっては一つの理念として存立しており，子どもたちのいる具体的な脈絡からは一定の距離を取っている。それゆえ，担任がまずは率先して立てようとするねらいは，子どもたちにとって到達の難しい目標になる傾向にある。

確かに，どのような授業であっても，それは担当者の計画に沿って進んでいく。その意味では，担当者は，ある程度まで授業の終局を思い描いていなければならない。とはいえ，そのような終着点であっても，担任がそれをふりかざして教室を掌握しようとすれば，それはもはや消失点である。というのも，担任の，そのような対応は，子どもたちの支配につながるからである。そうしたふるまいは，子どもたちの気持ちをその終点に収斂させようとしている。なるほど，担任は，子どもたちの友人ではなく，子どもたちとは異なる立場にはいる。けれども，担任も，子どもと同様に教室の雰囲気を醸成する一因子である。担任は，教室の様子をそとから眺めている傍観者ではけっしてない。したがって，子どもたちのいろいろな思いが，担任のそれも含めて，一つ一つ糸となって，公式であれ非公式であれ，教室のなかでの話合いを通じて，それらの結び目ができたときに，落としどころは，ようやくその姿を現すのである。

（2）普遍的な消失点からの決別

教室の話合いを通じて明らかになる方策は，教室の事情に左右されており，容易には普遍化できない。これに対して，第1節で確認したように，『要領』の示す道徳的価値は普遍的要素を含んでいる。「よいことと悪いこととの区別をし，よいと思うことを進んで行うこと」は，いつでも，どこでも，だれにでも，通用している。とはいえ，『要領』の述べ方だけでは，なにが「よいこと」であるのか，「悪いこと」がなにを指しているのか，判然としない。つまり，その語り方は，具体的な内容を含んでいないのである。逆に，具体性に欠けているから，その表現は，個別的な事例を網羅できるようになっている。ある場面では，わたしたちは，「よいこととして」相手に情けをかけるべきかもしれない。これとは反対に，別の場面では，その情けがあだとなって，相手を傷つけたり，だめにしたりするかもしれず，そこでは，情けをかけないのが「よいこと」である。このように実質的には対立している二つの対応であっても，わたしたちは，それらを「よいこと」として一つに括れる。

このような観点に立てば，「よいことと悪いこととの区別をし，よいと思うことを進んで行うこと」がなぜ消失点になるのか，もう一つの背景があらわになる。すなわち，道徳的価値を記述する，このし方は，道徳的価値から中身を抽出し，そのようにして，道徳的価値は，抽象的になり，理念としての地位を確保して消失点となっていく。教室の現状に照らし，いま起こっていることがらにどのように対処するべきかを検討する場合，その結果は，むしろ個別的である。というのも，前述のように，子どもの経験は独特の性質を内蔵しているからである。そこから結論を引きだそうとすれば，それは，他の教室には通用しない個別的な局面を持たざるをえない。逆に，その教室にいる子どもたちにとっては，当の結論と自らの経験とを結びつけるのは，たやすくなる。だから，それを用いて，子どもたちは，その教室のなかでこれからどのように行為すればよいのか，今後の見通しを具体的に思い描ける。道徳的価値は，教室の実相を反映した具体性から生まれてこそ，消失点と手を切れるのである。

4 行為の指針としての道徳的価値

（1）経験の結節点

これまでの論述から明らかなように，道徳的価値を子どもたちの経験にひき寄せるには，教室のなかで実際に生起している出来事にもっぱら着目しなければならないことになる。すなわち，道徳的価値は，教室のなかでのやりとりを通して子どもたちのさまざまな経験が交わり，そこで生まれてくる，諸経験の結び目に横たわっている。しかも，前節で把握したように，処方箋は，ことが起こる前には明らかにならない。だから，どのような道徳的価値が出現するのかは，前もってはだれにもわからない。「よいことと悪いこととの区別をし，よいと思うことを進んで行うこと」が浮上したり，別の道徳的価値が出てきてたりする。複数の道徳的価値を考慮する必要があるかもしれない。あるいは，『要領』の網羅していない道徳的価値を創出しなければならないときもある。

すでに指摘したように，担任は，ある程度の展望をもって，道徳の授業を先導していかなければならない。けれども，それは，教室のなかで生起する出来事の進みゆきのなかでようやく固まってくる。担任が子どもたちの直面している現実を無みすれば，その指針は消失点でしかない。それゆえ，担任が計画している指導ですら，教室が包含するさまざまな経験の交点を成形する一つの糸にすぎない。したがって，教室が抱えている真正の課題にたいして，どのように対処し，これからどのようにふるまうべきか，という指針は，担任と子どもたちの個別的な経験の推移が交差する結節点の具体性と結びついているのである。

靴隠しの事例を再び用いれば，靴を隠した集団のなかでいじめが発生していたのかもしれない。一人の子どもに目を付けたほかの子どもたちが，彼に靴を隠すように命じていた。その標的になったのは，くだんの集団に所属するある子どもが目障りに感じていた子どもの靴であった。このいじめを教室のなかでどのように扱うべきであろうか。ここでそれを述べるには，やはりもっと具体的な脈絡が要る。抽象的にそれを語れば，その方略は消失点になってしまう。その危険を冒してあえていえば，担任は，まずは，この事件に深く関わっている子どもたちの家庭の環境に注視しなければならないかもしれない。特に小学生の場合，家庭の抱える問題は，陰に陽に，子どもの行いに影響を及ぼしている。担任は，保護者との面談も行いながら，可能なかぎり，子どもたちの気持ちに対する気づかいを維持していくことになる。保護者との懇談会も使える。そうした取り組みを通して，教室のなかで共有できる内容が見つかるかもしれない。

靴隠しに直接には関与していない子どもたちにも，その事件に絡めて，ひごろ思っていることとか感じていることとかを聞いてもよい。匿名性を担保しながら，それらを教室で公表することもできる。担任も子どもたちも，教室のなかで実際に進行しているさまざまな事象を分かちあう。そのさい，子どもたちには，自らの考えとほかの子どもたちのそれとがどのように接続するのか，自らを省みるように促さなければならない。教室にいる子どもたちのさまざまな思いを勘案しながら，担任も教室の運営に携わる者として自らの思いを表明する。担任の思いは，教室としてくだんの靴隠しにどのように対応するのか，それを組み立てていくときの成素になる。もちろん，担任も，子どもたちのするように，担任としてのこれまでのふるまいを見なおさなければならない。そのときに，担任の経験は，初めて子どもたちの経験と接合するようになる。担任は，教室を見おろす位置にいて，子どもたちの様子を遠くから眺めている観客ではない。そうではなく，担任も，具体的な事例から産生する道徳的価値に，子どもたちといっしょに個別的なし方で介入しようとしている一人の参加者であるのである。

（2）道徳的価値の特殊性と包括性

こうした発想は，道徳的価値を一点透視図の消失点に置かない，という態度から帰結する。それは，消失点ではなく，消失点に向かう平行線のうえに道徳的価値を設置しようとするときに顕在化する視点の一つである。その見方から道徳的価値を捕捉すれば，つぎのようにいえる。すなわち，道徳的価値は，集団で生活を営まなければならない状況があるなかで，その成員たちの個別的な経験を束ねて共同的営為を維持するための具体的な指針である，と。靴隠しの事件でいえば，それが象徴している，教室の雰囲気の悪さを，できるかぎり減らしていくための工夫こそ，子どもたちが学ぶ道徳的価値である。この方策は，子どもたちが安心して教室のなかで授業を受けられるようにする。それと同時に，その方針は，子どもたちが教室のなかでほかの子どもたちのことも気づかって落ちついて授業に臨めるように，子どもたち一人ひとりのふるまいを制御していく。

だから，行為の指針としての道徳的価値の値打ちは，その普遍性にあるのではない。わたしたちは，その特殊性に着眼しなければならない。道徳的価値は，担任も含めて，子どもたち一人ひとりに対して，それぞれがしてきたこれまでの個別的な経験を束ねて，これからの見通しをそれぞれに具体的に与えられているときに，行為の指針として，その効力を発揮する。しかも，道徳的価値は，このような特殊性を備えながら，担任と子どもたちのさまざまな経験を縒りあわせて，教室の共同性をも生みだしており，包括的でもある。したがって，共同体のなかで各成員が積んでいく経験を，特殊性の局面で，いわば微分的に方向づけて，個人の歩みを具体的に成立させながら，そうした経験を，包括性の局面で，いわば積分的に集積して，共同体の歩みを具体的に産出していくことのできる行為の指針こそ，道徳的価値であるのである。

5 道徳科の目標

道徳的価値についてこのような知見が獲得できたとすれば，本章の冒頭で立てた，生き方のよさはどこにあるのか，という問いには，どのような答えを用意できるのであろうか。最後に，それを検討したうえで，道徳科の目標を再考して，本章を締めくくりたい。

人間は，きわめて早熟な状態で生まれてくる。新生児にとっては，生きるためには，だれかほかの人の助けは欠かせない。けれども，すこし時間が経てば，身の周りのことは，一人でできるようになる。一定の年齢を重ねれば，わたしたちは，他者に依存した状態から脱却できるようになる。とはいえ，わたしたちは，どんなことでも，独力で成し遂げられるわけではない。日々の生活をふり返ってみれば，つぎの点に気づく。わたしたちの日常は，それが円滑に進行しているときには，別の人の援助のうえに成り立っている。その意味で，わたしたちはほかの人に係わって生きているし，ほかの人たちもわたしたちに係わって生きている。だから，人間のあり方の特性の一つとして，係わり合いのなかにいることを指摘できる。

おそらく，多くの人は，買い物をしたり，遊びに出かけたり，学校に行ったりしている。なぜ，家の外に出られるのであろうか。強盗に襲われはしないのであろうか。無差別な殺人の被害者になるおそれはないのであろうか。世界を巡る昨今の状況に鑑みれば，そうした可能性を完全には否定できない。そうであるのに，わたしたちは外出している。どうしてか。その背景には，命を奪われるような出来事にはめったに巻きこまれないであろう，という思いがある。それを裏づける確固とした証拠がないのに，わたしたちは，これまでの経験から，世の中が安全であると考えている。

しかし，その認識がなければ，わたしたちは家に引きこもらざるをえない。すると，わたしたちの営みは，ほかの人たちとの間に係わり合いを作って，ほかの人たちに安心を与えるほうに向いていなければならないことになる。同時に，そのような係わり合いを通して，わたしたちも，ほかの人たちから安心を与えてもらう。それゆえ，わたしたちの，ほかのひとたちにたいする気づかいは，集団のなかにいても危険にはさらされないという信頼の贈与と授受に結びついている。教室で起こる問題は，いじめが典型であるように，特定の子どもたちの存在を脅かしている。第４節の論究を考え合わせれば，道徳的価値は，その脅威を除いて，担任も含め，子どもたちが安心して教室にいられるようにするための具体的な方途に見いだせる。『解説』も「児童が人間として他者とよりよく生きていく上で学ぶことが必要であると考えられる道徳的価値」という言い方をしている。生き方のよさは，教室のなかで，担任も含めて，ほかの子どもたちにたいする気づかいと係わり合いとに基づいて，安心をたがいに分かち合えるように，教室の安全をいっそう拡充していこうとしているところに現れているのである。

したがって，道徳の授業は，まずは，このような共同的関係主義に立って，その補完として内省的個人主義を置かなければならず，この見地からすれば，道徳科の目標として最初に置くべき文言は，つぎのようなし方で表現できるかもしれない。すなわち，道徳科の目標は，子どもたちがよりよく生きるために，ほかの人との結びつきのなかにいることを自覚し，気づかいと係わり合いをとおして，互いに助け合い支え合って，安心できる共同の場の醸成に積極的に参加しようとする姿勢が子どもたちに育つように援助するところにある，と。

参考文献

Herman, J. L. (1997) *Trauma and Recovery: The Aftermath of Violence-from Domestic Violence to Political Terror,* Basic Books.（ハーマン，中井久夫訳（1999）『心的外傷と回復　増補版』みすず書房.）

Houser, N. and Kloesel, C. (1992) *The Essetial Peirce: Selected Philosophical Writings,* Volume 1, Indiana University Press.

James, W. (1976) *Essays in Radical Empiricism,* Havard University Press.

James, W. (1991) *Pragmatism,* Prometheus Books.（ジェイムズ，桝田啓三郎訳（1957）『プラグマティズム』岩波文庫.）

Noddings, N. (1984) *Caring: A Feminine Approach to Ethics & Moral Education,* University of California Press.（ノディングズ，立山善康ほか訳（1997）『ケアリング：倫理と道徳の教育――助成の観点から』晃洋書房.）

（新　茂之）

第5章

道徳教育における倫理的基礎

倫理とは何かについて，その意味を考察していく。人間を間柄的存在と捉える和辻哲郎の考え方を手がかりに，学習指導要領に見られる「人間としての生き方や在り方」と絡めて考えていきたい。そして，古代ギリシアの先哲であるソクラテスやアリストテレスらの「善」についての考え方，カントに見られる人間の尊厳や善意志について，日本の伝統的なものの見方や考え方を参考に，先哲が考究した「人は本来どう生きるべきか」「善さとは何か」等の倫理的な問いかけを探究してほしい。さらに，現代社会に見られる生命倫理に関する問題の一部を紹介する。これらを通して，道徳教育の意義や在り方について，単に観念的に捉えるのでなく，「自己や人間としての生き方や在り方」を，道徳科の時間における教材や指導内容・指導方法を，倫理的側面からも見つめなおす契機にしてほしい。

1 倫理とは

（1）「倫理」って何だろう

倫理と聞けば，どのような意味と解釈し何をイメージするだろうか。また，○○倫理といえば，○○に当てはまるものとして，どのような言葉が…。情報倫理，環境倫理，生命倫理，企業倫理，研究倫理，放送倫理等，このような言葉を見聞きしたのは，偽装事件，不祥事等のルール違反があった場合に繰り返されてきた記憶がある。つまり，本来あるべき姿やあるべき状態ではなく，よくないことが起こり，それを正していこうとする際に用いられているようだ。

では，「倫理」とは何か。倫とは，「なかま」を，理とは，「物事の筋道，ことわり」を意味し，辞書や高等学校の教科書には，つぎのような説明も見られる。

> 人倫のみち。実際道徳の規範となる原理。道徳。倫理学の略。（『広辞苑』）
> 人として守るべき道。道徳。モラル。倫理学の略。（『大辞林』）

> 人類の永年の経験が積み重なってできあがった，人間集団の規律やルールのことであり，「人間」として生きるべき道筋，「人間」に値する生き方のこと。（濱井・小寺 2013：1）

つまり，「倫理」とは，人として守るべき規範やモラルであり，その規範となる原理と考えられる。また，その「倫理」を学ぶ学問として「倫理学」（ethics）があるが，辞書では，「社会的存在としての人間の間での共存の規範・原理を考究する学問。」（『広辞苑』）とか，「道徳・倫理の起源・発展・本質などを研究対象とする学問。その中心問題は道徳規範と善の問題である。論理学・美学とともに哲学の基本的部門とされてきた。」（『大辞林』）と記載されている。

倫理学者の和辻哲郎は，『人間の学としての倫理学』のなかで，「倫理とは何であるか」という問いをたて，「倫理」という言葉の意味を追求している。そのなかで，「倫理」は個人的主観的道徳意識では不適当で，人間共同態の存在根柢に関するとして，人々の間柄の道であり秩序であることを指摘している。そして，倫理が人間の道にほかならないとして，人間を人と人との間の関係（間柄的存在）として捉える独自の倫理学体系を築いた。このような和辻の考えの背景には，個の存在を基盤とした近代の西欧的人間観への批判も含みながら，「倫理」を間柄にあるものとして捉え，「倫理学」を「人の間」としての「人間」の学であるとした考えがみられる（和辻 1992）。

（2）学習指導要領にみる「人間としての生き方や在り方」

皆さん自身，いま生きている意味やどのように生きていくべきかについて考えたり，自らに問いかけたりしたこと，また，結論は出ずとも，友人とそのような悩みや疑問を語り合った経験はないだろうか。

小・中学校で学んできたはずの道徳は，何のためにその時間があるのかと考えたことはないだろうか。道徳の意義として，『小学校学習指導要領解説　道徳編』（文部科学省，2008）には，「人間としてよりよく生きる――人格の基盤としての道徳性の育成――」として，次のような記述がある。

> 人間は，だれもが人間として生きる資質をもって生まれてくる。…（中略）…人間としての在り方や生き方を自らに問い掛ける。この問い掛けを繰り返すことによって，人格もまた磨かれていくということができる。人間は，本来，人間としてよりよく生きたいという願いをもっている。この願いの実現を目指して生きようとするところに道徳が成り立つ。（15頁）

また，『小学校学習指導要領解説　特別の教科　道徳編』（文部科学省，2015）では，道徳教育の目標として，「道徳教育は，自己の生き方を考え，主体的な判断の下に行動し，自立した一人の人間として他者と共によりよく生きるための基盤となる道徳性を養うことを目標とする教育活動…」（10頁）と明記している。

ここでいう「よりよく生きる」という文言からは，倫理学の祖として知られるソクラテスが「人間はただ生きるだけでなく，善く生きることが大切である」と説いた「善く生きる」ということが想起させられる。そして，重要なのは，自分だけがよく生きることを求めるのではなく，他者と共によりよく生きることである。そこには，倫理を個人的主観的道徳意識では不適当であり，人間共同態としての存在根柢とし，人間を間柄的存在として捉える和辻の考え方にも通ずるものがあるといえるだろう。

つまり，自らの人間としての在り方を自問自答しながら，周囲との関わりを通して，常によりよい生き方を自覚し追求していかねばならない。その過程では，自己との対話や友人や学級内，周囲の人と共に悩み考えることが，まさに生きている証であり生きるという行為そのものになる。今までの道徳の時間や，今後の道徳科においても，そのようなことが求められているのであり，道徳的価値について理解するということは，価値理解だけでなく人間理解や他者理解を深めていくことなのである。言い換えれば，人間としてよりよく生きるために大切な道徳的価値を自分のこととして考えたり感じたりすることである。そこに，道徳の規範となる原理や人間として守るべき道である，倫理が問われて，人間としての生き方を模索することになる。

（3）社会生活と個人の倫理観

日々の社会には，共同体としての習俗・慣習を基底として，多くの規範やルールがある。それらすべてが明文化された法律等ではなく，不文律や暗黙の了解のようなものも多くある。そして，迷いや葛藤があっても，最終的な決断や選択は個人の判断に任されている。我々は，どのような規範やルールを自らに課し，また，判断する際に何を重視して決断や選択をしているのか，そのことが，自分自身の倫理観とも関係している。

人間は社会において，さまざまな縦糸と横糸の関係のなかで生きているのであり，ある意味においてアリストテレスがいう社会的動物，政治的動物である。その社会が包含する規範やルールは，個人の考え方や生き方に少なからず影響を与えている。たとえば，電車で席を譲る行為，電車に乗る際に順番に並ぶ光景を見かけるが，なぜそのような行為ができるのだろうか。もし，誰も譲ったり，並んだりせずに，他人のことなど考えずに自らのことだけを優先するのが当たり前の社会であればどうだろうか。そのような姿や秩序のない社会で過ごしていたらどのような倫理観をもつ子どもや人間が育つのであろうか。

そのような点からも，特に日本においては，個人の倫理観の形成が人とのつながりや関係性，属する集団や社会のモラルに影響されることはいうまでもない。つまり，社会のなかで行われている個々人の道徳的判断や価値選択も，事前に他者との相談や協定を行うようなことなしに，永い共同生活のなかで，いわば暗黙の了解や空気・雰囲気を察してなされていることが多い。このような場合，道徳的行為を個人に迫るのは，「世間」「みんな」という匿名の存在であり，他人がこういうから，みんながこうしているから，世間に笑われないようにという社会的要求や期待を考慮して，判断や選択がされている場合が多い。このような問題や関係は，エドゥアルト・シュプランガーにおいても「社会的ないしは集団的道徳」と「個人的倫理」として論じられてきた。彼が重視したのは，社会に生きる個人の「良心」の問題であり，教育の機能として，発達の援助，文化財の伝達，良心の覚醒を挙げ，特に良心の覚醒こそ，教育の本質的課題であるとした。その背景には，科学技術等の発達により人間の良心が麻痺し，人格的な責任意識が抹消されていることを憂慮していたのである。彼の考えた良心とは，生活における一般的規範ではなく，むしろ内面的で主体的なものである。教育において，教師は子どもに良心といったものを与えるのではなく，発達の援助や文化財の伝達を通して，子ども自身の内に秘めている良心を「覚醒」（Erweckung）させなければならないとした。つまり，子どもがさまざまな体験により，自身にある良心の声に耳を傾け，行動を見直し，より高次元の価値に向かって生きることを目指して実践されることと考えられる。このような彼の考えは，現代においても有益な示唆に富むと思われる。

まさに，実社会を見ると，良心の欠如ともいうべきか，多くの問題が見られる。つぎのような社会的風潮が社会全体の規範意識やモラルを低下させ，児童・生徒の道徳性の育成にも大きな影響を与えているとする指摘がある。みなさんが特に感じるものは，どの内容で，具体的な姿や様子として何を思い浮かべるだろうか。さらに，なぜ問題なのか，その理由を主体的に考えてほしい。

ア　社会全体や他人のことを考えず，専ら個人の利害損得を優先させる。
イ　他者への責任転嫁など，責任感が欠如している。
ウ　物や金銭等の物質的な価値や快楽が優先される。
エ　夢や目標に向けた努力，特に社会をよりよくしていこうとする真摯な努力が軽視される。
オ　じっくりと取り組むことなどのゆとりの大切さを忘れ，目先の利便性や効率性を重視する。

文部科学省（2008）『小学校学習指導要領解説　道徳編』21頁。

このような風潮が子どもたちの心の成長にもマイナスの影響となり，本来もっている人間としてよりよく生きようとする力を弱めかねないと危惧されている。言い換えれば，社会全体のモラルの低下が，個人の倫理観に影響を与えかねないということだ。だが，社会を構成しているのは，個人であり，社会全体に見られる風潮やモラルも一人ひとりの個人による姿が拡大し形成しているということを忘れてはならない。上記のような問題の背景を単に社会の問題とするだけでなく，個人と個人のつながりや関係性，身近な集団や社会における一員としての倫理観や自覚など，一人ひとりが他人事ではなく自らの事として捉えなければならない。

2 先人に学ぶ倫理的基礎

（1）人間としての生き方や在り方と倫理

① 古代ギリシアの先哲と善

わたしたちが生きる現代は，それ以前の時代や歴史と切り離されて独自に存在するわけではない。そのような点からも，先哲の思索は，わたしたちが自己について問い，自己探究の道を歩むためのヒントや手がかりになるであろう。

古代ギリシアにおいて，「善く生きること，人間としての善い生き方」を求めたソクラテスは，普遍的な倫理について問い続けた。普遍的である倫理，時代や場所等の違いによって変わらない，永遠不変のものを求めた。つまり，現実という真理を覆い隠す「見せかけ」の向こうに本来あるべき「善さ」という真理を考究した。人間が善く生きるためには，そもそも「善さ」とは何かについて知らなくてはならないと考えた。彼が大切にしたのは，前述の通り「ただ生きるだけでなく，善く生きること」であり，弟子たちに古いギリシアの言葉「汝自身を知れ」により，自分の内なる声に耳を傾けることの重要性を説い続けた。

その過程で，自らの真理に対する無知を自覚しなければ，真理に向かうことはできないという考えから，ソフィスト（職業教師・知者）たちと問答により，彼らが無知であることに気づかせ，自分で真理を発見させようとした。いわゆる「無知の知」を自覚させようとしたのである。

そして，人間としてのアレテー（徳）は魂（精神）が優れていることであると考え，知恵・勇気・正義などの「徳」とは何かについて考えをめぐらせ，人間としての善い生き方を探求した。また，「徳は知である」と主張して，人間が生きていくうえで，何が善い生き方かを知らなければ，善い生き方はできないとした。つまり，知の追求と徳の追求を同一のものと考え，人間のなす悪は無知から生ずるもので，人間はもともと善を欲しており，正しい知をもてば必ず善を行うはずであると考えていた。

そのようなソクラテスの精神は，弟子のプラトンに継承された。プラトンは，普遍的な真理を求めることは，人間の理性の活動であると考え，理性によって捉えることのできる永遠に変化しない完全な性質をもった「ものそのもの」をイデアとした。そして，善のイデアが他の諸々のイデアをイデアたらしめている存在根拠として捉えた。さらに，彼の説いた知恵・勇気・節制とそれらの調和からなる正義をギリシアの四元徳として主張し，後世の倫理思想に大きな影響を与えることとなった。

一方，理想主義と評されたプラトンに対して，現実主義と見られたアリストテレスは，現実から離れた理想を求めるのではなく，現実を踏まえた知識・思慮・技術の調和が必要だとする立場をとった。彼は，人間の徳を知性的徳と倫理的徳とに分けた。知性的徳とは，観想的生活に即した徳であり，倫理的徳とは，思慮によって意思や欲望を制御し知性的徳に導かれた，正しい行為の繰り返しにより習慣づけられる習慣的な徳であるとした。そして，倫理的に追求するべき徳として，中庸を指摘している。中庸とは，超過と不足の間に存在し構成する徳目である。たとえば，大胆（超過）と臆病（不足）の中庸は，勇敢である。また，辣腕（超過）と愚直（不足）との中庸は，思慮である。つまり，善い行為とは極端な行為ではなく節度ある行為であり，個々の状況に応じて適切な判断を下すことが善い生活をもたらすと考えた。彼の考えた徳とは，「情念」でも「能力」でもなく，「中庸」を選択すべき「状態」に他ならないとした。さらに，人間の行動の手段と目的を追求していくと究極の目的である最高善である幸福にたどりつくと考えた。幸福はそれ自体が目的であり，他のものの手段とはならないとした。

② カントに見る人間の尊厳，善意志

道徳や哲学・倫理学に大きな影響を与えたイマニュエル・カントは，人間が理性により真理を探究し，善悪を判断して行動するところに人間の尊厳がある

と考えた。このような人間の尊厳の考え方は，道徳教育においても重要な基盤として捉えられている。カントは，真理を探究する「理論理性」と善悪を判断し，善い行為をする道徳的な能力である「実践理性」とを分けて示した。そして，心の中の「そうすべきでない，こうすべきだ」と呼びかけてくる良心の声こそ，善悪を判断する実践理性の声であると考えた。

さらに，彼の考えた善には意志が重要で，いくら優れた資質や能力をもっていても，それを使う意志がよくなければ，かえって悪いものにもなるとした。そのような点から，それまで考えられていた知恵，勇気，節制などの徳も，この善意志が伴って初めて「善い」といわれる善となる条件付きであるとし，無条件に善いのは意志の善さ，善意志のみであると考えた。このような考えは，行為の結果よりも，行為の動機の善さに倫理性を求めたのである。善意志を動機とする行為のみに，道徳的な価値があるとみたのである。

このような善概念の考えは，「定言命令」と「仮言命令」の区別にもみられた。それは，いかなる時でも無条件に「～せよ」と命じる「定言命令」と，ある目的を達成するための手段としての行為を命じる条件付きの「仮言命令」の区別も，善概念の内面化から生じていると考えられる。そして，理性の命じる道徳法則はいかなる場合も，無条件に善い行為をせよと命じる定言命令の形をとるとした。こうして，カントは，認識の本性と限界を見極め，批判哲学を確立し，これにより合理論と経験論とを総合するとともに「コペルニクス的転回」を果たしたのである。このようなカントの思想は，ドイツ観念論を完成させたゲオルク・W・F・ヘーゲルにより個人の内面的な道徳の立場にとどまっていると批判されたが，ドイツ観念論に大きな影響を与えたとされる。また，このようなカントの考えと対比的に，人間の幸福と利益を重視する功利主義がある。「最大多数の最大幸福」を唱えたジェレミー・ベンサムや，個性と自由という幸福の質を重視したジョン・S・ミルの思想もカントと比較することでより明確な違いが理解できるだろう。

多くの先哲が考究した，「人は本来どう生きるべきか」「本来あるべき自己とは何か」「善さとは何か」等の倫理的な問いかけは，小学校の道徳教育で「自己の生き方や在り方」，中学校で「人間としての生き方や在り方」を追求することの過程でもある。道徳の読み物資料中に登場する多様な主人公の人間としての有り様や主人公の動機を考えながら道徳的価値を追求する学習活動の根底にも，少なからずつながってくることなのである。主人公の姿に疑問を感じたり共感したりしながら，人間としてどうあるべきかを自己の内面に問いかけたり，友だちと話し合ったりする活動が道徳科の時間には位置づけられる。まさに，そのように考える過程そのものが重要である。その時間に簡単に自分なりに納得できる価値内容や求めるべき姿にたどりつけなかったり，理想とする主人公の姿と自分自身の行為に隔たりを感じたりしても，その葛藤や矛盾を乗り越えたい，解決したいと追い求めること自体が，人間としての生きる姿なのであろう。

（２）日本人の伝統的なものの見方・考え方（道徳意識や倫理観）

2020年の東京オリンピック・パラリンピックの招致活動で，有名になった「お・も・て・な・し」は，日本人の特徴や行動様式を顕著に示す言葉として世界に知れ渡った。心を込めて接遇するという意味合いであり，たとえば，遍路におけるお接待など，奉仕の精神に基づくものが日本的な文化としても知られる。

また，日本人は，先にも触れたように，自分の行為が他者からどのように見られるのか，「他者の目」いわゆる「世間」を強く意識しながら過ごしてきたといえる。このような日本人の伝統的なものの見方や考え方に根ざした生き方は，「ムラ」や「イエ」といった共同体意識を大切にしてきた日本社会の構造でもある。その点については，ルース・ベネディクトによって書かれた『菊と刀』でも日本人の特徴として指摘されている。彼女は，日本人のものの見方や考え方，行動様式は欧米から見ると理解しがたく，「恥の文化」として，欧米の「罪の文化」と対比して説明した。日本人は他人の判断を基準として，自己の判断や行動の方針を定め，自己の行動に対する批評や評価に気を配るという。個人が属する共同体において，他の成員から非難されることを「恥ずかしい」と感ずる，他者の目による「恥」の認識が優越している「恥の文化」であり，それに対して，欧米の文化を人の行為自体の絶対的な悪を認識する「罪の文化」としている。

長い間，海に囲まれた日本の歴史や風土の中で農耕文化を中心に培われてきた独特の特徴や行動様式が人間関係や日本人の生活に根差した道徳意識や倫理観の形成にも影響を与えてきたと思われる。約60年前の昭和30年に出版された『日本人の道徳的心性』という書では，道徳的心性の諸相として，島国であるゆえの特徴，農耕文化による農民の特性として，村の平和や地域全体の結合を大切にし，体面を守ろうとする恥の道徳や，義理の道徳が強くあること，また，因果応報や義理と人情も説明されている。当然の如く，現代においては，日本人の心根（こころね）として十分に感じられる点や多少なりとも変わりつつある点もある。このような道徳意識や倫理観に関して，和辻は，人間と自然環境との関わり合いを「風土」と呼び，単なる自然ではなく，人々の日々の生活で体験された自然環境であり，その地域住民の文化の基底をなすと考えた。つまり，そこに生きている人間のものの見方や考え方，いわゆる精神構造のなかに刻み込まれたような自己了解の仕方とも捉えられるのである。特に，日本人を，湿った季節風と豊かな自然の恵み，自然に対する人々の受容的・忍従的な性格を特徴とするモンスーン型の風土と位置づけた。そこには，自然と調和した生活様式や行動様式を身につけてきた日本人の文化や特徴が感じられる。

このような和辻の考え方に関する問題点として，井上光貞は，『風土』の解説において，日本人の風土的構造の間柄的表現は「家」であるという主張のようにー因果関係の論証が不明確なものを多々残していることを挙げている（和辻 1991：297）。

また，偉大な哲学者として知られる西田幾多郎は，日本人の伝統的な考え方に基づいて，西洋の考え方を吸収し独自の思想を追求した。彼は，我々が日常の自我にとらわれずに，その根底にある自己と出会う世界，つまり，自己と認識されるもの（客観）とが対立するのではなく，一体となり，主客身分の「純粋経験」に没入する際に，真の実在と出会うことができるとした。その際に働く実在は，知識では真理として，感情では美として，意志では善となってあらわれると考えた。ここでは，紙面の都合により，その一部だけしか紹介できないので，是非，自ら深く調べてほしい。

3 現代社会の倫理的課題

わたしたちは，日常生活のさまざまな場面で善悪の判断や自らの価値基準に基づく選択をしている。だが実社会では，情報倫理や環境倫理などに関する簡単に解決できない問題や答えの見つからない事柄，国民のコンセンサスを得られない問題が少なからず存在している。ここでは，生命倫理について考えるとともに道徳教材として扱われている内容についても一部紹介したい。

医療，特に生命に関する倫理的諸問題といえば，何を思い浮かべるだろうか。たとえば，ガン告知の問題で，医者が患者に，「あなたはガンです。余命は…。」というべきかどうか，本人や家族は望むのかどうか。近年の日本においては，本人にも配慮をしながら告知することが増えてきているようだが，ガンを告知することは患者のインフォームド・コンセントを得る上で，避けて通れない難しい問題である。以前は告知すべきではないとして，最後まで隠し通すことも多かったようだ。このような変化は医療技術の発展とともに倫理的な判断や決定の範囲が拡大されてきたことも大きな要因である。さらに，QOL（生命・生活の質）という概念も導入され患者自身が，さまざまな治療方法のなかから選択することも可能になってきた背景もある。それ以外にも，臓器移植，脳死の問題，ドナーカード，体外受精，出生前診断，人工妊娠中絶，遺伝子組み換え，インフォームド・コンセント等，マスコミ報道でも取り上げられてきた問題が多数ある。なかでも，世界に衝撃を与えたのが，英国でクローン羊が生まれたという1997年のニュース（誕生は1996年）である。それは，遺伝子技術の進歩により，完全に同じ遺伝子組成をもつ個体が誕生したのである。その問題は，クローン人間をつくることにならないかの議論となり，当時アメリカやフランスは「クローン人間は禁止」の方向を示し，その後日本でも2001年にクローン技術規制法が制定され禁止された。つまり，技術的に可能になったがゆえに，それを行うべきかどうかが問われることとなったのである。このような問題を前田は，技術と倫理の関係は，「できる」（can）と「べきである」（ought to）の関係に相当すると捉えている（前田 2002：276）。

その他にも，日本での出来事として，2006（平成18）年に熊本県のある病院に設置された「赤ちゃんポスト」が議論を呼んだ。2015年現在で預けられた赤ちゃんは100人を超えている。日本での設置にあたっては，ドイツを参考にしたようで，ドイツでは100か所以上の設置があり預けられた数も300を超えている。

中絶や置き去り，虐待などの防止につながり子どもの命を守るといった考えや親の養育拒否を助長するのではといった懸念，子どものアイデンティティの問題等が出された。2015年春にも特集として，小学校に進学した子どもたちの心情や現状の問題等についてテレビ番組が放映された。

このような生命倫理に関する内容も道徳教材として，いくつか取り上げられている。たとえば，中学校３年生の道徳科の副読本に「ドナー」というタイトルで新聞記事投書欄の内容が，小学生の我が子をもつ主婦の立場と医師の立場の両面から掲載されている。中学校１年生の副読本には「決断！骨髄バンク移植第一号」として，実話に基づき内容が紹介されている。また，NHK の道徳ドキュメント番組（2006～2015）「キミならどうする」では，「いのちの判断」として，脳死による臓器移植の問題が，残された家族の悩みや判断が実話に基づき描かれている。それ以外にも実話に基づき教材としていくつか掲載されている。

大切なことは，子どもたちの発達を考慮しながら正確な情報や知識をもとに，まず考えてみることである。そして，その問題についてディスカッションをしながら，論点や意見が分かれる大きな理由を整理・検討してほしい。簡単にどちらが正しいとか結論が出る問題ではないかもしれないが，自分とは違う立場や同じ立場でも理由が違う人がいる現実を理解することから，ディスカッションをすることである。可能であれば，専門的な見地からも意見を聞かせてもらったり，実際の状況を調べてみたりすることも大切であろう。

最後に，「考える」ことの重要性をブレーズ・パスカルの言葉から再考してみたい。

「人間は考える葦である。」の文言は有名であるが，彼の著『パンセ』には次のような記述がある。

人間はひとくきの葦にすぎない。自然のなかで最も弱いものである。だが，それは考える葦である。…（中略）…だから，われわれの尊厳のすべては，考えることのなかにある。われわれはそこから立ち上がらなければならないのであって，われわれが満たすことのできない空間や時間からではない。だから，よく考えることを努めよう。ここに道徳の原理がある。

（パスカル 1973：225）

参考文献

内山勝利・中川純男編（2008）『西洋哲学史　フィロソフィアの源流と伝統』ミネルヴァ書房。
大庭健編（2006）『現代倫理学事典』弘文堂。
カント，中山元訳（2012）『道徳形而上学の基礎づけ』光文社。
廣済堂あかつき（2019）「ドナー・カード」『中学生の道徳　自分をのばす３』：88-89。
シュプランガー，村田昇・山邊光宏訳（1987）『教育学的展望――現代の教育問題』東信堂。
東京書籍（2019）「決断！骨髄バンク移植第一号」『新しい道徳１』：59-63。
新出編（2008）『広辞苑　第六版』岩波書店。
濱井修・小寺聡（2013）高等学校教科書『現代の倫理』山川出版社。
パスカル，前田陽一・由木康訳（1973）『パンセ』中公文庫。
廣松渉・子安宣邦他編（1998）『哲学・思想事典』岩波書店。
プラトン，渡辺邦夫訳（2012）『メノン――徳について』光文社。
ベネディクト，長谷川松治訳（2005）『菊と刀――日本文化の型』講談社。
星野一正（1991）『医療の倫理』岩波新書。
文部科学省（2008）『小学校学習指導要領解説　道徳編　平成20年度版』
文部科学省（2015）『小学校学習指導要領　特別の教科　道徳編』
文部省（1999）『小学校学習指導要領解説 道徳編　平成11年度版』
前田義郎（2002）「医療技術と生命倫理」加藤尚武・加茂直樹編『生命倫理学を学ぶ人のために』世界思想社。
松村明編（2006）『大辞林　第三版』三省堂。
宗像恵・中岡成文編（2003）『西洋哲学史――科学の形成と近代思想の展開』ミネルヴァ書房。
山本光雄（1979）『アリストテレス――自然学・政治学』岩波新書。
和辻哲郎（1991）『風土――人間学的考察』岩波文庫。

和辻哲郎（1992）『人間の学としての倫理学』岩波全書。
和辻哲郎監修，古川哲史・勝部眞長他編（1955）『日本人の道徳的心性』（現代道徳講座３）河出書房。
NHK（2015）「“ポスト”に託された命〜赤ちゃん100人のその後〜」 http://www.nhk.or.jp/gendai/kiroku/detail02_3636_all.html（2015年11月12日最終確認）

（植田和也）

第６章

道徳教育における心理学的基礎

道徳教育の目標は，2015（平成27）年３月に一部改訂された学習指導要領に従うなら，「道徳性を養うこと」である。道徳性は多様に捉えられるが，「発達の段階や特性等を考慮して」といった留意が学習指導要領の随所に見られることからも，道徳性の発達を心理学的に捉えることは欠かせない。しかし，学習指導要領とその解説を読むだけでは，道徳性の発達に関する知識は十分に得られない。そこで本章は，道徳教育に臨むにあたり理解しておくと参考になる道徳性の発達に関する諸理論や研究について，具体例を交えながら概説する。

1　道徳教育における心理学的基礎としての道徳性の発達？

子どもの成長を促す教師に，心理学的な素養は欠かせない。道徳教育の場合，この素養には道徳性とその発達に関する知識や，その知識を活用して子どもの発達を見取り，実践を構想する力などが含まれるだろう。たとえば，校則が学校ごとに異なることに，社会を広く見通せるようになった子どもなら一度は不満を抱くことだろう。この場合，校則を守るよう注意するだけでは教育的意味はほとんどない。子どもの社会認識能力の発達に即して，その校則が恣意的でも意味がある理由を説明する指導が求められるだろう。

このように心理学的な素養は重要であるが，道徳性の発達について解説すべき学習指導要領の解説はややこころもとない。2015（平成27）年７月に新たに示された学習指導要領解説は，道徳性を「人間としてよりよく生きようとする人格的特性」と定義した上で，道徳性の諸様相とされる道徳的な判断力，心情，および実践意欲と態度について，道徳的判断力なら「それぞれの場面において善悪を判断する能力」というように，それぞれ説明を与えている（文部科学省 2015：19）。ところが，それらの諸様相がどのように発達していくかについて，説明はなされていない。道徳性の定義も，何がよりよく生きることかについて公権力は干渉してはいけないという原則もあってか，抽象的で曖昧である。

念のため補足すると，改訂前の学習指導要領解説では，道徳性発達について包括的な解説がなされていた（文部科学省 2008a：17-20；文部科学省 2008b：17-21）。たとえば，人生初期における快・不快の感情が善悪の観念へとつながるとある。これは，不確かな状況に置かれた乳児が，他者の表情や感情表出をてがかりに行動を決定する社会的参照（social referencing）を念頭に置くと理解しやすい。たとえば，養育者から見てしてはいけないことを乳児がしようとすると，養育者は否定的な感情を示す。養育者からの拒絶は乳児に不快の感情を引き起こすため，乳児はその行為を避けることを学ぶのである。もちろん，この他に児童期や青年期における道徳性発達に関する解説もあるが，包括的であるぶん総論に留まっていて，教材研究や授業構想を行ううえで参考となりにくいといえる。

しかし，道徳性やその発達をどう捉えるかは，心理学研究においても見解の一致しない難しい問題である。第一に，道徳性を定義することが難しく，これは道徳の範囲を定める難しさに起因する。わたしたちは，子どもが困っている人を助けたら褒めるし，もしそれがうまくいかなくても，その意を酌んで肯定する。援助や，反対に暴力のように，他者の幸福に直接関わる思考や行為を道徳的に価値づけることに異論はないだろう。では，与えられた仕事や役割を全うしない怠慢や，故郷に愛着をもつ郷土愛ならどうか。これらの行為や態度の是非を判断することはまだ難しくない。しかし，それが道徳的な意味での是非かというと，明確な理由をもって答えるのは意外と難しくないだろうか。

もし道徳の範囲に関するこの難しさを感じられたら，読者は道徳性心理学研究の最前線で続く，道徳性の定義をめぐる一論争にふれたことになる。エリオット・トゥリエルをはじめとする立場は，道徳を正義や幸福，権利に関連する事象に限定し，それらに意識的に関わる際の思考や行動に道徳性を見て取る

(Turiel 2014：3)。一方，ジョナサン・ハイトをはじめとする立場は，わたしたちに協力することを求める規範などを広く道徳とし，他者との協力を可能にする心理学的な機制を道徳性とみなす（ハイト 2014：416-417)。前述の怠慢や郷土愛は，トゥリエルの立場なら，基本的に他者への危害や不正をもたらさないため道徳性に含まれないだろう。反対にハイトの立場では，協力関係に強く作用するという理由で，怠慢は欺瞞の，郷土愛は忠誠の一形態として，道徳性に含まれるだろう。

道徳および道徳性の定義における違いは，道徳性の発達について考える際，第二の難しさを引き起こす。一見すると，道徳性を広く捉えるハイトの立場の方が，発達についてもより広範に捉えられるように見える。けれども，発達がより適切な方向への変化を意味するなら，協力関係を強固にする個人の変化を発達とみなすことには危険が伴う。なぜなら，詐欺をはたらく犯罪集団の協力関係がより強まるとき，詐欺行為を棚に上げて犯罪者の道徳性が発達したと評価することに，私達は強い違和感を抱くからである。前述の郷土愛なら，地元以外を嫌う排他的な郷土愛でも協力関係は強まるのである。一方，トゥリエルをはじめとする立場からの研究は，道徳性を限定して定義することで，後述するローレンス・コールバーグのように道徳性発達を具体的に明らかにしてきている。しかし，当然ながらその説明範囲は広くない。

学習指導要領解説における道徳性の定義を改めて見ると，確かに玉虫色ではあるが，それゆえ多様な道徳性の見方を含められる定義であると言える。多様な見方を認めることで，さまざまな心理学の理論を参照することができる。そして，それらのなかで道徳教育のあり方を具体的に構想できるものが，道徳教育の心理学的基礎であると筆者は考える。本章は，この意味での道徳教育の心理学的基礎としての道徳性の発達に関する諸理論について，後述する「共感」をしながら理解できるよう，具体例を交えて検討していく。

2　他律と自律――ピアジェの道徳性発達理論

全般的にみて，道徳性の発達は自律，すなわち自分で自分を律することへ向けた変化であるといえる。道徳的な自律について考える出発点となるのは，ジャン・ピアジェによる研究であろう。ピアジェは，発生的認識論（genetic epistemology）と呼ばれる認知発達の研究で有名だが，道徳性発達の研究でも知られる。ピアジェは規則の尊重，あるいは規則認識が道徳性において重要であると考え，子どもがゲームで遊ぶ様子を観察するなどして，規則認識などが変化していくことを明らかにした。

ピアジェの研究を要約すると，子どもの規則との関わり方は次の段階を経るという（Piaget 1954：18-21）。すなわち，第一にゲームの規則を認識せず好き勝手に遊ぶ「個人的段階」，第二に規則に従い遊ぼうとするも，後述する自己中心性（egocentrism）のために他の子と一緒に遊べない「自己中心的段階」（ピアジェが観察した当時のスイスの子どもでは２～５歳で始まる），第三に規則に従い仲間と一緒に遊ぶ「初期協同の段階」（同７～８歳），第四に規則を尊重しながら，状況に応じて規則を修正する「規則制定化の段階」（同11～12歳）である。

そして，規則認識は次のように変化するという。まず，個人的段階では，興味を引く運動を繰り返すような規則的行動しかない。つぎに，自己中心的段階から初期協同の段階の途中までは，規則は一方的な尊敬を抱く大人や年長者から与えられる，必ず従うべきものと考えられる。そして初期協同の段階の途中からは，規則は自他相互の合意に基づくものであり，それゆえ合意が得られれば修正可能なものと考えられる。こうして規則の相対性を理解し，合意を通して規則を修正できるようになるとき，子どもは他律から脱して自律に至るとみなされる。

自律に至る上でピアジェが強調するのは，協同（cooperation）による自己中心性からの脱却である。ピアジェのいう自己中心性とは，己の欲望を優先する利己性ではなく，自分の視点からしか物事をみられない認識能力の未発達を意味する。自己中心的段階で他の子どもと一緒に遊べないのは，わがままだからというより相手の視点に立つことが難しいからである。また，この段階では規則を教わる大人などへの一方的尊敬によって規則が絶対視される。これらから，本人は規則を守っているつもりでも傍から見ると守れていないといった，幼児期に見られる特徴が現れる。したがって，自律に至るには，同年齢の子どもたちとの平等な関係でなされる協同が求められる。他の子と話し合い作業することで，相手の視点に立って物事を考えられるようになり，ピアジェが拘束の道徳とも呼ぶ大人への一方的尊敬や規則の絶対視が抑えられるのである。ピアジェは道徳性発達の研究としてこの他に，故意／過失の判断などについても探究した。

ここで注意したいのは，ピアジェが自律は他律の後に生じるとしながら，順序を根拠にして自律をより望ましいとはせず，民主主義社会を志向する限りで自律を価値づけたことである。これはたとえば，SNS などがもたらす諸課題について考える上で示唆に富む。スマホなどで昼夜問わずコミュニケーションをとれることから，他者への承認や居場所の確保を過剰に求められ，睡眠時間も削って SNS を利用せざるを得ない子どもたちが大勢いる。この問題はいわゆる情報モラルとは異なり，正しい知識の獲得では解決が難しく，友人間での合意形成が必要となる。スマホの没収など他律的な介入を避けたいなら，子ども同士で利用のルールを決めることを促す自律的方法を採るべきであることを，ピアジェの研究は示唆している。ルールについて話し合うなかで，子どもたちは他の子の本音を知ることもでき，独自のルールを決められるのである（竹内 2014：76-79）。もちろん，各家庭で使用のルールを最初に確認することも大事だが，このルールは子どもに絶対視されるものではなく，困ったときに友人に示すいわば「印籠」と考えるのが適当である（なお，大人でも子ども自身でもない，同じ悩みを過去に経験した年長者からのはたらきかけも有効であろう）。

このように，ピアジェの研究は今も現代的示唆を有する一方，限界もある。もっぱら規則認識を探究したため，規則に従う理由や動機づけについてほとんど説明していないことである。ゲームの規則の場合，ゲームをより楽しむためという自明の理由があるが，道徳的な規則の場合，それに従う理由は道徳的な生活をより楽しむためだとは言い難いのである。

3 道徳的推論の発達——コールバーグの発達段階理論

ピアジェの研究は先駆的だったが，道徳的に行為する理由や動機づけの探究が不十分なことに加えて，研究対象が児童期に留まっていることなどの課題を残していた。

コールバーグはこれらの課題に取り組み，道徳性発達研究を大きく前進させた。その中心的な成果が，表6-1に示す道徳的推論の発達段階理論である。コールバーグは，苦しむ人を助けるか否かといった道徳的判断ではなく，なぜそうすべきなのかという理由づけ＝推論（reasoning）が変容するプロセスに着目した。そして，病気の妻のために特効薬を盗むかどうかで悩む「ハインツのディレンマ」など，複数の道徳的価値や規範の間で葛藤するストーリーを被験者に示し，その反応を分析することで，公正さに関する道徳的推論は段階をふんで発達するという理論を構築した。

第1段階はピアジェの他律にほぼ等しく，罰を受けたり損害を与えたりしないために正しいことをする。「怒られるから電車で騒いじゃダメ」と子に注意する親の思考はこの段階だろう。第2段階では自分の欲求を満たすために正しいことをする。悪代官と悪徳商人が結託し，ギブアンドテイクの関係で悪事を働くときの思考などが当てはまる。この2つの段階は合わせて，前慣習的水準と呼ばれる。「正しいこと」と聞くと違和感があるが，これは個々人の道徳的推論を客観的に捉える上での前提を表すものである。

第3段階では，身近な関係のなかでの役割や期待に応える「善い人」であるために正しいことをする。欲求を抑えて親切にできることもあれば，狭い関係の中で他者の身勝手を許してしまうことも考えられる。第4段階では，社会的に合意された法や責務に適うよう正しいことをする。「皆が法や規則を守らなかったら」と考えられる一方，合意や秩序を重んじて現に存在する社会的不公平を軽視する可能性もある。この2つの段階は合わせて，慣習的水準と呼ばれる。

第5段階では，基本的人権や社会契約から導かれる義務，功利主義などに

表6-1　コールバーグの発達段階理論

水　準	段　階	正しいこと	正しいことをする理由	社会道徳的パースペクティブ
前慣習的水準	第1段階 他律的道徳性	罰を受ける規則違反や物理的危害の回避，服従	罰回避，権威者の優位	自己中心的 パースペクティブ
	第2段階 個人主義，道具的目的，交換	自分と他者のニーズを満たすこと，等価な交換	自他の欲求や 利害関心の充足	個人主義的 パースペクティブ
慣習的水準	第3段階 対人的期待，関係性，対人的従順	身近な人からの期待に沿うこと，相互関係の維持	自他双方からみて善良であるため，黄金律	他者と関わり合いをもつ個人のパースペクティブ
	第4段階 社会システム，良心	合意している現実の義務を果たすこと，法の履行	社会システムの維持， 責務の遂行	対人的合意から 分化した社会全体の パースペクティブ
脱慣習的水準	第5段階 社会契約あるいは功利性，諸権利	不偏的な規則を守ること，生命や自由など非相対的な価値や権利を守ること	すべての人の権利保障，社会契約に基づく義務感，功利主義	社会に先行する パースペクティブ
	第6段階 普遍的な 倫理的諸原理	自ら選択した倫理的 諸原理に従うこと	普遍的道徳原理への 個人的傾倒	道徳的観点の パースペクティブ

（出所）　Colby and Kohlberg（1987/2010：18-19）をもとに筆者が作成。

よって正当化可能な制度や行為を実現すべきであるという認識から正しいことをする。第6段階では，イマニュエル・カントの義務論倫理のように人間を目的それ自体として扱うことなどの普遍的な道徳的観点に立ち，正しいことをしようとする。ただし，第6段階に到達する人はほとんど存在せず，発達の理論的な終着点としての意味合いが強い。この2つの段階は合わせて，脱慣習的水準と呼ばれる。

コールバーグはピアジェと同じ発達観に立ち，発達および発達段階は自ずと進むものではなく，必ずしも年齢と対応するものでもないと捉えた。発達に関するこの捉え方は，次の段階へ発達するプロセスをみるとき明確になる。

次の発達段階へと進むとき，まず認知的葛藤（cognitive conflict）が認識される。たとえば，第2段階の兄弟が各々の嫌いな食べ物を交換して難を逃れていたところ，それが親に見つかり「大きく成長してほしくてお料理しているのに」と悲しい顔をされるとしよう。このとき兄弟は，「自他の欲求を満たす」

という正しさの認識では，自分たちの欲求と親の欲求を同時に満たせないことに気付く。このように，コールバーグが認知構造と呼ぶ個人の認識枠組みに基づいて対人的な問題解決ができず，苦悩する状態が認知的葛藤である。

この認知的葛藤を解消できるよう認知構造を質的に変容させることが，次の段階への発達となる。認知的葛藤の解消には，他者の視点に立つことで自他の考えを調整することを意味する役割取得（role-taking）が重要であり，表6-1中の社会道徳的パースペクティブは，役割取得の対象が身近な他者から未来世代を含む人類全体へと広がる過程を示している*。兄弟の例を続けると，第2段階の推論は「個人主義的パースペクティブ」に基づく。これは，人々を各自の利害関心を追求する個人の集合としてみなすことを意味し，交換によって二者が満足すればよいという兄弟の考えはこの視座に基づく。しかし，この関係に親が入ると，互恵的な解決はとれなくなる。このとき，欲求を満たし合う個々人という視座を脱し，人々を共有された合意や期待に従う集団とみなす「他者と関わり合いをもつ個人のパースペクティブ」に立てるなら，家庭内の期待に応えて嫌いでもがんばって食べるという第3段階の問題解決ができ，認知的葛藤は解消するのである。

*なお，役割取得の詳細については，ロバート・L・セルマンが提唱する役割取得の発達理論を参照してほしい。後述する友情観の違いも，セルマンの理論を知るとより理解しやすくなる（デーモン 1990：162-164，330-332）。

このように，道徳的推論を発達させるには発達を促す環境が必要である。総じて子どもたちの発達段階よりも高次の思考に基づく学級運営がまず重要であるが，継続的な授業実践も発達の促進に大きく寄与する。そうした授業には，「モラルジレンマ授業」（荒木 2013など）のような，子どもたちに認知的葛藤を感じさせ，討論を通して発達を促す授業と，入念な教材研究に基づき子どもの発達段階に即した授業を構想し，高次の思考に触れさせる授業とが考えられる。「モラルジレンマ授業」については多くの文献が公刊されているので，ここでは発達段階に即した授業構想の例を示す。発達段階の違いを明確にするため，以下では平成26年度大阪教育大学池田地区附属学校研究発表会において同一資料で行われた小学校と中学校の各授業（授業者は，小学校が富井愛枝教諭，中学校が和田雅博教諭）を参考にした（大阪教育大学池田地区附属学校研究会事務局 2014：131-137）。資料は井美博子作「友のしょう像画」による「友のしょうぞう画」（松尾ほか 2014：94-97）で，概要は次の通りである。

和也と正一は幼なじみでいつも一緒だった。しかし，筋力の衰える病にかかった正一が，遠方の療養所に入院することになった。入院後に文通を始めたが，そのうち正一から手紙が来なくなった。和也もなんとなく手紙を書かなくなって1年が過ぎた頃，正一が入院する療養所の子どもたちによる作品展のニュースがテレビで流れた。翌日，作品展へ行った和也は，「友のしょうぞう画」と題した正一の木版画を見つけた。そして，鉛筆も持てなくなったため版画に挑戦し，友達のK君の顔を完成させるのに1年を要したという解説を読み，涙した。和也は帰りの電車で目を閉じ，以前の自分たちの姿を思い返した。

この小学5年生向け資料は公正ではなく友情を題材とするものだが，社会道徳的パースペクティブに着目すると，友情観における発達の違いを理解しやすくなる。この資料で友情のよさについて考えさせるには，和也が帰りの電車で何を考えたかを問うのが有効である。これを小学5年生に問うと，「自分も忘れない」や「互いに助け合う」，「絶対に信頼する」などの意見が出る。「自分も」や「助け合う」には，正一からなされた具体的行為に対する返報，あるいは互恵の考えが見て取れる。これは，物事を交換関係で捉える「個人主義的パースペクティブ」の表れだろう。また，「絶対に信頼する」という意見は，それまでの友情を裏切ったことへの悔悟に基づく意見で，「他者と関わり合いをもつ個人のパースペクティブ」の表れだろう。以上をふまえると，相手を信頼する友情について考えさせることが，小学5年生の授業のねらいとして適当と言える。

中学生に同じように問うと，返報や悔悟に加えて，「自分も負けられない」という「対人的合意から分化した社会全体のパースペクティブ」に基づく意見が少数ではあるが出る。この意見は，自他間の具体的な相互行為を求める友情観を越えて，別々の人生を歩む自他の社会的自立に向けた糧として友情を捉えている。つまり，正一は和也に何かを伝えたいというよりも和也との友情を力に変えて病と闘い，和也も正一との閉じた関係のなかでの反省に留まらずに親友の懸命さに触発された，という解釈である。したがって，友情が人生に与える力について考えさせることが，中学生に向けた授業のねらいとして適当と言える。

4 道徳的行為の動機づけ――直観，共感，アイデンティティ

コールバーグの理論は道徳性の評価や授業構想において極めて有用だが，道徳的行為の動機づけに関してなお不十分さを残す。表6－1に従うと，中学生までの道徳的行為は専ら，罰回避，自己利害の追求，あるいは他者評価に動機づけられることになる。葛藤状況での道徳的推論に限定した理論とはいえ，これではたとえば子どもが年下の子に示す利他的行為は説明できない。

前述のハイトは，わたしたちの道徳的判断や行為の多くが直観に基づくと論じている。たとえば，わたしたちが自由を不条理に制限されることを嫌うのは，他者からの支配に直観的に反応して抵抗することを，進化の過程で獲得してきたからだという（ハイト 2014：270-279)。進化の過程は検証困難だが，道徳的推論を経て判断，行為に至るとするコールバーグらの見方に対して，直観的な判断の後にそれを正当化する道徳的推論がなされることを，ハイトは心理学的に例証している。推論はまさに事後の理由づけということである。ハイトが挙げる直観的反応のリストを参照すると，前述した子どもの利他的行為や不正に対して抱く義憤の理由は容易に説明できる。

また，道徳性に深く関わる共感（empathy）のはたらきも，神経科学研究において発見されたミラーニューロンによって実証されつつある。共感とは一般的に，他者の感情表出に面して同じ感情を表出することを意味する。マーチン・L・ホフマンが指摘するように，泣く子につられて泣き出す子どものような，複雑な認知を要しない自動的で無意図的な共感もあれば，他者がいなくても想像によって可能な共感もある（ホフマン 2001：5-7)。ミラーニューロンは主に前者の共感のメカニズムを解明しうるもので，このニューロンは他者の動作を目撃した時，その動作を自分がした時と同じように脳内で活性化するとい

う。これを道徳性に結びつけると，わたしたちは辛苦を表す他者の行動に自動的に共感することで，道徳的行為へと自ずと動機づけられているといえるかもしれない。

近年のこれらの研究は，偉大な道徳的行為を理解する一助となる。危険な人命救出や圧政への抵抗運動，弱者救済に捧げた人生などは，合理的に考えるだけでは理解しにくい。このとき，その人物が見た不幸や苦痛，不正，汚染などの情景を追体験できると，それらへの直観的反応や共感が引き出され，決意に至る思いに接近しやすくなる。こうした感性の重視は，学習指導要領が示す道徳教育の内容のうち，「D　主として生命や自然，崇高なものとの関わりに関すること」を取り上げる際に特に有効と思われる。

ただし，これらの研究にも注意すべき点がある。勉強に苦戦する友人に真に共感してもカンニングへの協力は許されないように，直観や共感が道徳的行為を動機づけるとしても，それらに意思決定を委ねきってよいことにはならない。善悪は社会全体で決めることであり，わたしたちは自らの特性を自覚しつつ，自律的に判断し行為しなければならない。

認知を重視しながら道徳的行為の動機づけを解明しようとする研究に，オーガスト・ブラシに代表される道徳的アイデンティティ（moral identity）の研究がある。この研究を理論的に先導してきたブラシは，エリク・H・エリクソンのいうアイデンティティが道徳性を中心にしても構築されると考える。そして，道徳的な理解が自己の意味の中核へと統合されると，その理解に従い行為することへの個人的な責任感，すなわち動機づけを与えると主張している（Blasi 1993：99）。

以下は，恐縮ながら筆者の実体験である。大学院生時のある休日，研究室にいると俗にいうゲリラ豪雨になった。しばらくして雨は止み，観たいテレビ番組があったので帰ろうと思い，しかしふと嫌な予感がして，通る必要のない廊下を通ると，窓が全開の廊下に大きな水たまりができていた。筆者は少し悩んだが，雑巾やチリトリを取ってきて水たまりを掃除した。

ブラシに従うと，筆者の清掃は個人的な責任感に基づいていたといえるかもしれない。窓の開閉の責任は筆者にないので，水浸しの廊下を放置して困ることもとがめられることもないし，何よりテレビを観たかった。しかし，筆者はそのとき，水たまりを見ても何もせずテレビを優先する自分を拒んだのである。これは，ある種の道徳的アイデンティティによってもたらされたと解釈することができる。

研究動向のレビュー（Walker 2014）によると，道徳的アイデンティティの実証的研究は，道徳的模範（moral exemplars）と呼べる人々への調査を中心に進められている。道徳的アイデンティティを有する道徳的模範の特徴として，そうした人々は青年期から現れ始めること，人生を肯定的に解釈するとともに，それまでの人生を主体性と他者との親交の観点から特徴づけること，児童期において安定した愛着や他者の苦しみに深く接する経験に恵まれたことなどが通観できる。道徳的模範は，周囲から多くの影響を受けながらも，人間や社会に関する深い洞察に基づき，自覚的に自らの道徳的アイデンティティを築いていくようである。

道徳的アイデンティティは直観や共感と同様に，偉大な道徳的行為を説明するてがかりとなりうる。一方，自己への過度の依存は，他者への影響よりも自己の一貫性を重視する頑なな態度をもたらしかねない。今後，発達プロセスなどの解明が進むと，道徳教育における道徳的アイデンティティの重要性は増していくだろう。

5 教師の道徳性

以上，道徳性とその発達に関する複数の心理学理論を取り上げ，検討した。本章で取り上げられなかった理論などについては他の文献（有光・藤澤 2015など）を参照してほしい。本章全体から推察できるように，道徳性のすべてを網羅した万能な理論は存在しない。それゆえ，道徳教育に臨む教師には，心理学的な素養を身につけ続ける地道さが求められる。この「学び続ける教員像」を職業的アイデンティティへと統合することは，教職倫理にも通じる教師に特有の道徳性ともいえるだろう。

教師の道徳性についてもう一点述べて本章を締めくくりたい。道徳性の発達を問うことは，教師に厳しい条件を課すことにもなる。子どもたちより発達段階の低い教師に，子どもたちの道徳性発達を促す資格はない。道徳的模範である必要はないが，まずは本章で取り上げた諸理論を参考に，教職に向けて自己の道徳的成長を自律的に追求することを期待する。

参考文献

荒木紀幸監修，道徳性発達研究会編（2013）『モラルジレンマ教材でする白熱討論の道徳授業＝中学校・高等学校編』明治図書。

有光興記・藤澤文編（2015）『モラルの心理学——理論・研究・道徳教育の実践』北大路書房。

大阪教育大学池田地区附属学校研究会事務局編（2014）『平成26年度大阪教育大学池田地区附属学校研究発表会発表資料』

竹内和雄（2014）『家庭や学級で語り合うスマホ時代のリスクとスキル——スマホの先の不幸をブロックするために』北大路書房。

デーモン，山本多喜司編訳（1990）『社会性と人格の発達心理学』北大路書房。

ハイト，高橋洋訳（2014）『社会はなぜ左と右に分かれるのか——対立を超えるための道徳心理学』紀伊國屋書店。

ピアジェ，大伴茂訳（1954）『ピアジェ臨床児童心理学Ⅲ　児童道徳判断の発達』同文書院。

ホフマン，菊地章夫・二宮克美訳（2001）『共感と道徳性の発達心理学——思いやりと正義とのかかわりで』川島書店。

松尾直博ほか（2014）『かがやけみらい　道徳5年』学校図書。

文部科学省（2008a）『小学校学習指導要領解説　道徳編』東洋館出版社。

文部科学省（2008b）『中学校学習指導要領解説　道徳編』日本文教出版。

文部科学省（2015）『小学校学習指導要領解説　特別の教科道徳編』

Blasi, A. (1993) "The Development of Identity: Some Implications for Moral Functioning," G. G. Noam and T. E. Wren (eds.), *The Moral Self,* Cambridge, MA: MIT Press, 99-122.

Colby, A. and Kohlberg, L. (1987/2010) *The Measurement of Moral Judgment volume I: Theoretical Foundation and Research Validation,* New York: Cambridge University Press.

Turiel, E. (2014) "Morality: Epistemology, Development, and Social Opposition." In M. Killen, & J. G. Smetana (eds.), *Handbook of Moral Development* (2nd ed.), New

York : Psychology Press, 3-22.

Walker, L. J. (2014) "Moral Personality, Motivation, and Identity," M. Killen & J. Smetana (eds.), *Handbook of Moral Development* (2nd ed.), New York : Psychology Press, 497-519.

（小林将太）

第 7 章

道徳教育とケア

現代社会において，「ケア」は教わらずともできるという類いの行為ではない。現代の学校教育は，教師と生徒，生徒同士などのケアリング関係を基盤として，「ケア」を次世代の担い手に習得させる課題を抱えている。

1980年代以降，女性のケアする経験を踏まえてギリガンやノディングズが提示した，人間を他者との結びつきから見るケア倫理は，個々の人間を，自律し他者から独立した存在と見なす正義の倫理とどちらが優位かという議論を引き起こした。さらにノディングズとマーティンの教育理論において，ケア倫理は教師と生徒の関係だけでなく，学校教育の目的，カリキュラム，学習観を批判する動きへと展開した。

現代社会において，ケアは多様な形で実践されている。ケアする市民の育成には，モデリング・対話・練習・確証（奨励）という方法をもって，家庭を含め多様な教育エージェントのなか，学校が依然として中心的な役割を果たすことが求められよう。

1 ケアの道徳性発達段階論

キャロル・ギリガンが1982年に上梓した『もう一つの声』(*In A Different Voice*) は，女性を男性と同等に扱うよう求めた第一次フェミニズムとは異なり，女性は男性とは異なる善さを有していることを認めるよう求めた，第二次（差異派）フェミニズムの流れを推進した。

彼女の師ローレンス・コールバーグは，正義（justice）の原理を志向する 6 段階から成る道徳性発達段階において，社会の維持を正義の原理とする第 4 段階以降へ多くの男性が到達するのに対し，多くの女性が特定の他者に善いとされることを正義とする第３段階に留まると指摘した。これに対してギリガンは，女性が男性に劣るということではなく，女性には男性と異なる道徳的な推論の仕方があるとして，女性へのインタビュー結果からケアの原理を志向する道徳性の発達段階を提示した。このケアの道徳性発達段階は，自己中心的な第１段階から自己犠牲的な第２段階，そして自己と他者の両方がケアされるべきという第３段階とそれぞれの間の移行期から成る。

この『もう一つの声』は，倫理学において正義とケアのどちらが優位な原理であるかといった論争を，またフェミニズムの観点からは，正義とケアが男性と女性の本質的な違いを意味するかといった論争を巻き起こした。

2 ケアリング教育

（1）ノディングズによるケアリング教育

ギリガンが女性へのインタビューからケアの倫理的原理（ケア倫理）を提示したことに加えて，ネル・ノディングズは『ケアリング』（*Caring*, 1984）において，初版の副題にも掲げたように，女性の経験を観点として実践的な倫理学や学校教育に改革を求めた。

ノディングズは，それまでのミルトン・メイヤロフやギリガンが，ケアする側にのみ着目したのとは違い，ケアされる側にも着目した。そうしてケアする人（W）とケアされる人（X）の関係を「ケアリング」と呼び，その関係の成立条件を，次のように表現している。

1．WはXをケアする（ケアするひとに記述される条件），また，
2．Xは，WがXをケアしていると認識している。

（ノディングズ 1997：109）

ケアする人は，自分のなかにケアされる人を受け容れること（これをノディングズは「専心没頭」（engrossment）と呼ぶ），そして受け容れた中で感じられる，ケアされる人の考えているものへの「動機の転移」（motivational shift また

は displacement）が求められる。他方で，ケアリング関係の成立には，ケアされる人によってケアする人によるケアが認識されねばならず，この認識がケアする人に伝わるには，ケアされる人の応答（response）が必要である。

ただしこれは，ケアされる人がケアする人に必ず直接的に応答しなければならない，ということをいっているのではない。自らの考えていること（興味関心のあることなど）に自由に取り組めたときの応答（反応）が，ケアされる人に現れたとき，ケアリング関係が成立するということである。

ノディングズが「自然なケアリング」と呼んだ母子関係の例では，帰宅の遅い息子を心配した母親と，それに応答する息子の２つのケースが示されている。１つめのケースでは，帰宅が遅くなったことを詫びながらも遅くなった事情を母親に説明して楽しかった経験を共有しようとし，２つめのケースでは帰宅が遅くなった事情を釈明するに留まっている。前者のケースでは，ケアされる側（息子）は心配をかけたことにとらわれず，自らがどういう経験をしたかをケアする人（女親）と共有しようとする応答を見せている。後者は，ケアされる側（息子）が自らの経験をケアする側の母親と共有しようとしていない。そうしてケアする人にとっては，前者の応答の方が，これからの動機の転移に肯定的に作用するとノディングズは主張する。

こうしたケアする人とケアされる人のケアリング関係の成立は，教育におけるケアリング関係の構築にとって評価の指標になる。すなわちケアする人の独善的ふるまいにケアを陥らせないようにするという，ケアされる人（教育においては学習者）のケアリング関係への貢献を提示するものである。

こうしたケアリング関係を構築できる人，すなわちケアする人を育てる道徳教育について，ノディングズは『ケアリング』および1998年に出版された『教育の哲学』（*Philosophy of Education*）のなかで，モデリング（modeling）・対話（dialogue）・練習または実践（practice）・奨励または確証（confirmation）の４つの方法を提示している。第一に，教師の生徒に対するモデリングが挙げられる。教師のケアする人としてのふるまいは，生徒にとってケアする人のモデルとなる。第二に，教師と生徒が互いに語り合い，傾聴し合い，分かち合い，応答し合う営みとしての対話が挙げられる。ただ教師が一方的に生徒を導くのではなく，生徒が関心を示すどんなものについても，開かれた偽りのない対話を実施することで，教師と生徒は新たな関係へと展開していく可能性を秘めている。後にノディングズは，ケアしようとする試みを評価するために対話を不可欠な手段だとしている（ノディングズ 2006：320）。第三に，生徒は例えばボランティア活動や職業に就く準備としての活動のなかで，ケアする能力を身につけるための練習（または実践）をする。ただし，ここではある職業の能力や特定のケアの能力を身につけることを目的とするのではない。ケアリングの成立を目指して，またケアする共同体への参加の練習として，他者と努力を分かち合う練習を行う。最後に奨励（または確証）が挙げられる。これは，対話と練習を通して，ケアする人がケアされる人に単に大きな期待を寄せたり激励したりするのではなく，ケアされる人の実際の行動とそれに伴う感情を受け容れ，そのなかでケアされる人がもっている以上の，しかし到達可能なイメージを明らかにすることである。後にノディングズは奨励（または確証）を「わたしたちは，わたしたちが出会う一人ひとりの者のなかに現れ出ようとしている，何か称賛に値するもの，または少なくとも好ましいものを認めていく」（ノディングズ 2006：322）ことだとしている。

ノディングズは，あらゆる教育の第一目標はケアリングの維持と向上だと主張する。とはいえそれぞれの教育機関の目的を踏まえ，教育の目標をケアする人の育成のみに限定しない。たとえば知的成長は生徒に望まれるべきだが，ケアリングの維持・向上に反するものは排除すべきだと彼女は考えている。

こうした彼女の主張は，『学校におけるケアの挑戦』（*The Challenge to Care in Schools*, 1992）で，さらに強く展開された。ノディングズは本書のなかで，単一的なカリキュラムをすべての子どもたちに提供する学校教育や，子どもへのケアが不十分な家庭の状況を指摘し，学校がケアの中心的な役割を果たすべきだと主張した。特にノディングズは，中等教育段階のカリキュラムが大学進学のための単一的カリキュラムになっていることを批判し，学校は子ども（学習者）へのケアの中心的役割を果たすべきであり，すべての生徒にケアのテーマ，あるいはケアの対象に基づいて組織されたカリキュラムを提供するべきだと述べる。そのテーマとは，自己，親しい他者，遠方にいる他者や見知らぬ他者，植物・動物・環境（あるいは地球），人工（物や道具）の世界，そして理念である。これらへのケアこそが，生徒たちの知的発達，あるいは学力向上の基盤となるとノディングズは考える。

学校は，ケアする人を育てるという目的，生徒への安定した居場所の提供，教師との関係，カリキュラムの4つの継続性を保障するべきだと彼女は述べる。そうして，最善の親が子どもに望む教育をその社会の子どもに提供するべきというジョン・デューイの言葉を参照して，それぞれの生徒が奨励されるような，多様なプログラムや機会を提供する学校教育を提唱している。

（2）マーティンによるケア・関心・結びつきの教育

ノディングズが『学校におけるケアの挑戦』を上梓した同じ年，ジェーン・R・マーティンは『スクールホーム』（*The Schoolhome*）を上梓した。「スクールホーム」は，マーティンの思考実験により提示された新たな学校像である。「ホーム」に見られるような愛情に満ちた雰囲気が，そこでの基本的な構成要素である。そのなかで男性も女性も平等に家庭的事柄に従事しようとし従事できる人，すなわちケア提供者を育てるカリキュラム，ステレオタイプな性別役割分業に敏感なカリキュラムが提供される。愛情に満ちた雰囲気は，子どもたちに競争的関係ではなく共に生きる関係を育むよう促す。

こうしたカリキュラムの中心は，3つのC，すなわちケア・関心（concern）・結びつき（connection）である。スクールホームは読み書き計算という3R's に代わってこの3つのCを実践するカリキュラムを提示する。このカリキュラムのなかで，マーティンは具体的に演劇活動と新聞編集を，言語・文学・社会という理論的知識の学びに留まらず，倫理的な問題や法的な問題の探求，さらにはコミュニケーション，計画と実践，設計と建築などといった能力および活動の育成，人間の情緒を動かすところまで展開する活動として推薦している。誰もがどんな役でも演じてよいのか，どんなニュースでも印刷して発信されるべきか，プログラムや新聞が印刷された紙の環境への影響はどうかなどについて，生徒達は活動のなかで検討することになる。そのとき，演劇やニュースの内容やそれに関連する倫理的・法的問題の当事者に留まらず，地域住民にまで，生徒たちは他者へのケア・関心・結びつきを広げていく。

したがってスクールホームは，男女平等にケアを提供できる人を育成することだけでなく，人種や文化，価値観，性的志向に関するマイノリティが安らぎをもって暮らせない社会において，ケア・関心・結びつきをもって関わろうとする人を育成することを目標としており，そのために統一化されたカリキュラムではなく，「統一を目指す（ユニファイイング）カリキュラム」（マーティン 2007：67）を想定している。

こうしたマーティンの育成しようとする，ケア・関心・結びつきをもって他者と関わろうとする人は，市民像を変化させたものだといえる。次節ではケアリング教育の新たな展開を概観していこう。

3 ケアリング教育の展開

（1）ケアする市民の育成を目指す教育

ノディングズは上述の『教育の哲学』の日本語版序文において，感情がケアすることへとわたしたちを動機づけることを重視しつつも，他方で感情を注意深い思考に従わせるべきだと論じている（ノディングズ 2006：iii）。

そうして同書では批判的思考（critical thinking）に着目し，「強い批判的思考」と「弱い批判的思考」を区別して，他者との結びつきを構築するのが前者のねらいだと論じている。

道徳教育の方法のひとつである対話において，「弱い批判的思考」は，ともすれば対話の相手を打ち負かそうとし，またある価値観や信念，見方などを批判的に観ようとしない危うさをもつものである。それに対し，「強い批判的思考」は自らを振り返ることで自己の理解を促し，また他者との結びつきをつくることにつながるものである。

たとえば，マーティンを参照してノディングズは，批判的思考によって自分自身の感情を反省的に捉え，感情を克服することはできないまでも，「それらを脇に置くことはできるようになる」（ノディングズ 2006：328）としている。こうした批判的思考による自身の感情の相対化が，感情に囚われて間違いや悪に走るのを防いだり，また他者に対してポジティヴな感情をもつよう促したりすることにつながると彼女は考えている。

この強い批判的思考がもたらす自己理解が市民性（citizenship）にとって重要であるとノディングズは後に述べている（ノディングズ 2008：319)。ノディングズは，共同体の構成員である市民に，ただ共同体を無批判に維持存続させるのではなく，その共同体に備わった価値観等を反省的に検討する批判的思考の能力を求めている。ケアと批判的思考は，感情的なものと理性的なものとして互いを排除するものではなく，また私的な領域と公的な領域でそれぞれ求められるスキルと区分けされるのではなく，どちらも他者との結びつきを志向するものとして，ケアリング教育と市民性教育，まとめていえばケアする市民を育てる教育において，育成されるべきスキルとノディングズは考えている。

この批判的思考を育む教育や教材については，*Critical Lessons*（2006）において詳細に論じられている。たとえば高校生が自分自身の学習を批判的に議論するという例をひいてみよう。動機づけ，学習習慣，学習対象と自身のエネルギーの流れるところ両方に敏感であることについて，生徒達が批判的に検討することは，彼ら彼女らの学習のパターンに関する自己理解に到達する助けになる。そうして大人（市民）として彼ら彼女らが直面する大きな問題を批判的に思考するよう，学校が導いていく必要があるとノディングズは述べている。

（２）学校観・学習観の転換を求める教育

マーティンが2002年に上梓した『カルチュラル・ミスエデュケーション』（*Cultural Miseducation*）では，第一に，教育エージェントの多元性が訴えられ，文化的資産の守護者の一つとして学校が捉え直される。第二に，学習の私有（appropriation）モデルから贈与（gift）モデルへの転換が図られ，第三に社会的関係の相互依存を基盤とする，学校と家庭を含めあらゆる教育エージェント間の「贈与としての学習」を通した文化的な資産の最大化・負債の最小化が訴えられる。

第一に，教育エージェントの一つとして学校を捉えることについて見てみよう。マーティンは，すでに『スクールホーム』において家庭と道徳的に等しく価値をもつ新たな学校像を思考実験によって提示した。彼女は家庭の教育機能が危ぶまれるアメリカで，私的な家庭の領域と仕事や政治といった公的な領域が分けられ，子どもたちは家庭から学校に通って公的な領域へ巣立っていくという学校のイメージを打破するために，誰もが家庭的事柄に従事できる人，また文化的・社会的・性的差異などに敏感な人になるよう，愛情に満ちた雰囲気の下で学ぶスクールホームを提示した。

しかしそこで触れられなかった，社会の多様な教育エージェントが『カルチュラル・ミスエデュケーション』で着目されている。我が国でいえば図書館や博物館，スポーツ団体など生涯学習の場が想定されるかもしれないが，警察に消防署，歴史協会，講演，交響楽団，バレエ団，銀行，商社，株式市場，新聞，雑誌，読書クラブ，本屋，出版社，屋外広告板，官庁，非営利団体，環境団体，テレビ，インターネット，無数の形をとるメディア，航空会社など無数の組織体（マーティン 2008：61）を，文化を保持し伝達する，教育エージェントとしてマーティンは捉え直す。

マーティンは学校の重要性を否定するのではなく，意図的計画的になされる知識の教育だけを教育とするのではなく，ケア・関心・結びつきという３つのＣの実践を促す文化を伝える組織体も，教育エージェントに含める。顕在的か潜在的かにかかわらず，何らかの文化をもつ組織体は，人や物を通して学習の機会を提供する教育エージェントである。

第二に，学習の私有モデルから贈与モデルへの転換について見てみよう。マーティンは，日本のことわざを用いていえば「情けは人のためならず」のような「贈与」（gift）と，私的所有物との違いを明らかにする。前者は人々の間でめぐりめぐって常に移動している。しかし後者は，労働の成果として得られるものである。学習を私的所有物の考えに照らして見れば，仕事（ワーク）を行って得られる知識や技能は，仕事を行った学習者のものであり，多く仕事をすればするほど，より多くの知識や技能を得られるという前提がある。この学習の私有モデルに基づけば，仕事をせずに知識や技能を獲得することは，たとえばカンニングだと問題視される。同じカリキュラムにおいてどれだけ多く知識・技能を獲得するかといった競争関係が生徒間に存在する。

他方，学習を贈与モデルで捉えると，生徒たちはそれぞれの得意な分野の知識や技能を，他者に教えるのではなく提供する。数学の好きなＸがＹのプロジェクトの統計を担当し，語学の得意なＹがＺのレポートのために翻訳を担当し，歴史に精通したＺは古典史を読むＷに背景を説明するといった具合である。こうした贈与モデルの学習を行っている教室では，グループにおいてもその学習成果（知識・技能）を提供し合っている。それぞれの獲得した知識・技能により，生徒間に助け合い協働する関係が存在する。そしてこの関係が，学校のなかに留まらず，学校と他の教育エージェントとの間，学校間，教育エージェント間に形成されることを，マーティンは期待する。

そうして第三の論点が挙げられる。社会的関係の相互依存を基盤とする，学校と家庭を含めたあらゆる教育エージェント間の「贈与としての学習」を通した文化的な資産の最大化・負債の最小化である。ある教育エージェントは，意図的または無意図的に，たとえば子どもたちに有害なテレビ番組を制作・放送するという文化的負債を有しているかもしれない。またある演劇が子どもに有害なメッセージを意図しないところで発してしまっていたということもあるかもしれない。したがって，たとえば学校や保護者団体が，こうしたテレビ制作会社や劇団の発信する有害なメッセージを見過ごさず問題を解決すること（負債の最小化）が求められる。他方でマーティンは，高尚で高度な学術的知識・文化をのみ文化的な資産とする見方を批判し，日常的な事柄も含めた文化がもつ教育的な可能性を観点として，負債と資産を区別することが必要と考えた。

そうして，どの資産を維持あるいは復元しようとするか，少なくとも学校教育での単一なカリキュラムではごく限られた資産しか取り上げられないが，それぞれが異なる資産を維持あるいは復元することが想定された，学習者間あるいはエージェントとの間の「贈与としての学習」であれば，３つのＣの実践も含め，社会に存在する多くの資産をカリキュラムに取り入れることが可能になるとマーティンは考えている。

（３）ケアの多様性への展開

教育に関するフェミニズムの論文集 *Education Feminism*（以下「新版」）は，

The Education Feminism Reader（以下「旧版」）を再構成した論文集である。ノディングズは旧版において，上述したように教師－生徒間のケアリングを中心として，ケアする人の育成につながる道徳教育を提唱した。さらに，教師も確証（または奨励）されることが必要であり，教師・教師教育者・生徒・研究者という参加者が皆ケアされることで，協働的な探究が維持され関係が発展すると訴えている。

新版ではケアに関する論文が３本収録されている。１本目の論文では，ノディングズらのケア理論が教授の倫理として受け入れられてきた一方，ケア理論が人種間の差異に盲目であること（colorblindness）が批判されている。白人のフェミニストは，アフリカ系アメリカ人のフェミニストから学び，それまでのケアの理論的枠組みを再構成することを要求される。

２本目の論文では，アフリカ系アメリカ人女性の教育実践からノディングズとは異なるケアリング教育が紹介される。このアフリカ系アメリカ人教師によるケアリング教育は，支配への抵抗と生存にとって中心的なものとして母性を据え，ノディングズらの理論が母性を女性に本質的なものと見なしていると批判する。抑圧に対する抵抗や次世代の抵抗への準備が，アフリカ系アメリカ人教師達の使命・集団的責任であり，したがって母性は男性にも見られるものである。その上で，集団で生き残り進化してきたアフリカ系アメリカ人の危機の倫理は相互依存であり，自己の変容が社会の変容に寄与するという信念がその背景にある。

３本目の論文は，教師－生徒関係を重視し，そこから将来の道徳的対話への可能性を探ろうとする。ここでは，通約不可能な（incommensurable）差異をもつ教師と生徒の道徳的対話へのアプローチとして「寛容」（tolerance）の導入可能性を検討している。「寛容」とは，我慢する必要のない何かを我慢することを暗示し，より肯定的には他者の信念や実践を認識することを意味する。それは間（space）を与えることであり，受容と拒絶の間の妥当な線の上にあるものである。この寛容は，ノディングズの提示する「対話」が，互いの専心没頭と応答，「互いに語り合い，傾聴し合い，分かち合い，応答し合う」（ノディングズ 1997：287），オープンエンドな営みであるのに対し，時には利害の対立する，衝突の可能性もある他者との「対話」に，受容はできないけれど拒絶しないという微妙な時間を導入することを意味している。

新版では，ギリガンやノディングズらが提示したケアの倫理が，白人中流階層の女性の経験から構築されたものであり，たとえば，思いやり・優しさ・共感・情緒・依存・自己犠牲といった典型的な女性性が強調されたものと批判される。そうして，主にアフリカ系アメリカ人の経験から生き抜くため支配に抵抗してきた集団内の，男性にも見られる母性が提示されたり，衝突する他者との対話が常に分かち合えるようなものでないとして「寛容」が導入されたりしている。これらは，ギリガンやノディングズが想定した，他者との結びつきを重んじるだけのケアのあり方ではない。すなわち，場合によっては他者と対立する場合のケア，受容や分かち合いに行き着かない対話のあり方が，新版では想定されていることを示している。すでにケアは，典型的な女性性が強調されるだけのふるまいではなく，批判的思考によって反省的に自己を理解しつつ，その上で相手との結びつきを断たないための対話のあり方を提示するものへ展開されているといえよう。

4　ケア理論が提示する人間像

ここまでのケア理論が道徳教育に提示してきた，育てるべき人間像を整理しておこう。ギリガンは，コールバーグの提示した正義の道徳性発達段階論における最高段階の人間像が，ある問題を誰にも納得できる形で解決しても，問題に関わる人々のその後の関係を考慮しない道徳的推論をする，自律的ではあるが孤立した人間であることを明らかにした。他方で，妊娠した女子学生へのインタビューなどから，他者と同様に自己もケアされるべきであり，問題に関わる人々の関係を維持する，少なくとも関係が切れない方法を検討し続けるケアを志向した道徳的推論をする，依存的ではあるが他者と結びついた人間像をギリガンは提示した。

ノディングズは，ケアする人とケアされる人の関係に着目する。ケアする人がケアされる人への専心没頭や動機の転移によってケアを行うこと，さらに，ケアされる人が，ケアする側がケアされる側に与えるのと同じものではなく，ケアする側に応答することで両者間の関係に貢献するあり方を示した。

大局的に観ると，ギリガンもノディングズも，その個別具体的な関係や状況を第三者的に傍観して，道徳的問題を一般化し規則に基づいて解決しようとするのではなく，関係や状況の当事者として，どう関わることがその後のよりよい関係や状況に結びつくのかを考え行動する人間像を提示している。

5 現代の我が国におけるケア

このように，当事者意識をもって問題に関わろうとする姿は，我が国における二度の大震災や自然災害の被災者に対するボランティアの姿と重なる。また，ひとり親など家庭および経済的事情から，家庭で十分な食事がとれない子どもたちへの「子ども食堂」や，塾へ通うことのできない子どもへの学習支援などNPOの取り組み，さらには地域で孤立している老人と一定の時間共に過ごす若者の，いわゆる「伴走型」のボランティアも散見される。こうした人々は，感情によって動機付けられてケアを行っているが，決して思考していないわけではない。むしろケアされる側との対話を重ねるなかで，自らを批判的に思考し，自己理解を深め，ケアするなかで自己実現を果たしている。

子どもたちを私的な領域の家庭から公的領域へ送り出すための学校教育ではなく，ケアするなかで子どもたちをケア提供者へと育む「スクールホーム」は，マーティンの思考実験の産物である。現代の日本もアメリカと同様に，経済的事情や精神的な問題から十分に子どもをケアできる家庭ばかりではなく，その状況はひとり親に限らない。したがって子どもをケアする人へ育むには家庭だけでなく学校，地域が多様なケアを行っていく必要がある。

また政治的な領域では，戦争行為への加担を認める法律に反対する学生達の動きが着目されている。ノディングズが指摘するように，グローバル化が進行した世界においては，個々の国は独立しているように見えて，絡み合った状況にあるのであり，その意味で競争（competition）ではなく協働（cooperation）に価値が見出されねばならない（ノディングズ 2013）。ノディングズはこれに関連し，戦争を支持する心理，戦争に反対する心理の両方を批判的思考の対象とする（ノディングズ 2012）。戦争を推し進めようとする人々との関係を断つのでは，問題を解決することにはならない。ケアの倫理に従えば，結びつきを維持し，「寛容」をも導入した対話を続けることが必要であり，そのためには戦争を推し進める人々の心理に関心を持ち続けねばならない。

もはや1980年代に女性の経験から見出されたケアを，女性に，また優しさや共感といった感情に押し戻すことはできない。家庭・社会・国の内外，血縁関係や仕事上の間柄を問わず，わたしたちは確かに他者と結びついたなかに生きている。そのなかでよりよい関係の創出を志すケアする人の育成が，現代の学校における道徳教育の課題である。そしてその方法は，社会においてあらゆる大人によるモデリング，差異のある他者への寛容と自己への批判的思考を含めた対話，ケアの実践練習，そしてそうした結びつきのなかでの，よりよい自己の実現を励ましてくれる確証という，日常的で地道ながら，エキサイティングでドラスティックな自己変容をもたらすものである。

参考文献

Gilligan, C. (1982) *In A Different Voice : Psychological Theory and Women's Development,* Harvard University Press.（ギリガン，岩男寿美子監訳，生田久美子・並木美智子訳（1986）『もう一つの声――男女の道徳観のちがいと女性のアイデンティティ』川島書店。）

Martin, J. R. (1992/1995) *The Schoolhome : Rethinking Schools for Changing Families,* Harvard University Press.（マーティン，生田久美子監訳（2007）『スクールホーム――〈ケア〉する学校』東京大学出版会。）

Martin, J. R. (2002) *Cultural Miseducation : In Search of a Democratic Solution,* Teachers College Press.（マーティン，生田久美子監訳，大岡一亘・奥井現理・尾崎博美訳（2008）『カルチュラル・ミスエデュケーション――「文化遺産の伝達」とは何なのか』東北大学出版会。）

Mayeroff, M. (1971) *On Caring,* Harper & Row, Publishers.（メイヤロフ，田村真・向野宣之訳（1998）『ケアの本質――生きることの意味』ゆみる出版。）

Noddings, N. (1984) *Caring : A Feminine Approach to Ethics & Moral Education,* University of California Press.（ノディングズ，立山善康・林泰成・清水重樹・

宮﨑宏志・新茂之訳（1997）『ケアリング　倫理と道徳の教育――女性の観点から』晃洋書房。）

Noddings, N. (1992) *The Challenge to Care in Schools : An Alternative Approach to Education,* Teachers College Press.（ノディングズ，佐藤学監訳（2007）『学校におけるケアの挑戦――もう一つの教育を求めて』ゆみる出版。）

Noddings, N. (1998) *Philosophy of Education,* Westview Press.（ノディングズ，宮寺晃夫監訳（2006）『教育の哲学――ソクラテスから〈ケアリング〉まで』世界思想社。）

Noddings, N. (2003) *Happiness and Education,* Cambridge University Press.（ノディングズ，山﨑洋子・菱刈晃夫監訳（2008）『幸せのための教育』知泉書館。）

Noddings, N. (2005) *Educating Moral People : A Caring Alternative to Character Education,* Teachers College Press.

Noddings, N. (2005) "Global Citizenship : Promises and Problems," Noddings, N. (ed.) *Educating Citizens for Global Awareness,* Teachers College Press, 1-21.

Nodding, N. (2006) *Critical Lessons : What Our Schools Should Teach,* Cambridge University Press.

Noddings, N. (2012) *Peace Education : How We Come to Love and Hate War,* Cambridge University Press.

Noddings, N. (2013) *Education and Democracy in the 21st Century,* Teachers College Press.

Stone, L. (ed.) (1994) *The Education Feminism Reader,* Suny Press.

Thayer-Bacon, Barbara J., Stone, L. & Sprecher, K. M. (eds.) (2013) *Education Feminism : Classic and Contemporary Readings,* Suny Press.

（伊藤博美）

第8章

道徳教育と身体

教育基本法では，教育は「人格の完成」を目指すものであるとされ，『学習指導要領解説 特別の教科 道徳編』では，道徳教育は人が一生を通じて追求すべき人格形成の根幹に関わるものであるとされている。道徳教育とは，道徳的価値を自覚させ，道徳的実践力を養成するだけのものではなく，そのことを通して人格の完成を目指す教育の根幹を担うものなのである。戦前期の日本において，人格は「肚（はら）」という言葉に象徴されていた。人格の完成のイメージが「肚ができている人」だったのである。日本の伝統的な身体文化においては，心を育てることは身体を育てることであった。その身体とは物理的な意味での身体ではなく，身心未分の「身体（心）」であった。本章では，日本語の「肚」という言葉とそれをつくる技法としての「修養」に着目することで，身体という観点から，人格の完成を目指すとはどういうことか，教育の根幹としての道徳教育とはどのようなものかについて考察する。

1 「人格」の基盤としての道徳性

（1）教育基本法における「人格」と道徳

旧教育基本法においても改正教育基本法においても，第1条（教育の目的）では「教育は，人格の完成を目指し」と明記されている。「人格」の完成こそが教育の目的とされているのである。また新設された第3条（生涯学習の理念）でも「国民一人一人が，自己の人格を磨き，豊かな人生を送ることができるよう」と自己の「人格」を磨くことが謳われている。同じく新設された第11条（幼児期の教育）でも「幼児期の教育は，生涯にわたる人格形成の基礎を培う重要なものである」と「人格形成」の語が使われている。旧教育基本法から2ヵ所増え，改正教育基本法では「人格」の語は計3ヵ所で使用されている。完成を目指して「人格」を形成し，それを磨くことが教育の理念として強調されているのである。

道徳教育の観点からは，旧教育基本法と比べ詳細になった第2条（教育の目標）で「幅広い知識と教養を身に付け，真理を求める態度を養い，豊かな情操と道徳心を培うとともに，健やかな身体を養うこと」と，教育の目標として「道徳心を培う」ことが明記されている。道徳教育の強化は教育基本法改正の方向性のひとつであった。また「人格」という観点からはここに挙げられている「教養」という語も見逃せない。「教養」とは現代では知識や情報といった語と同じように使われ，「ものしり」といったイメージで理解されているが，戦前の日本においてある独特のニュアンスをもった言葉であった。それは教養主義の影響を多分に受けたものであり，ドイツ語の「ビルドゥング」(Bildung)の訳語として理解されていたものだった。「ビルドゥング」とは，プロセスとしての「自己形成」という意味とその結果として獲得された「教養」という意味をあわせもつ語である。そこから「教養」の語はその背後に人格形成のプロセスとその完成という意味を含みもつものとされた。人格形成につながる知識とその獲得のプロセスが「教養」だったのである。つまり，ここでも「人格」が主題となっているのである。

その「人格」の形成は道徳教育の主眼となるものである。つぎに学習指導要領とその解説で「人格」という語がどのように扱われているのか見てみよう。

（2）学習指導要領における「人格」と道徳

2015（平成27）年3月27日学校教育法施行規則が改正され，これまでの「道徳の時間」を「特別の教科 道徳」とすることと，学習指導要領の一部改正の告示が公示された。改正された学習指導要領では，新たに「よりよく生きるための基盤となる道徳性を養う」という文言が加わった。道徳性とはよりよく生きるための基盤となるものだというのである。一方で「学習指導要領解説 特別の教科 道徳編」では，「人格の完成及び国民の育成の基盤となるものが道徳性」であり，「道徳教育は，人が一生を通じて追求すべき人格形成の根幹にかかわるもの」であると述べられている。道徳性は「人格」の完成の基盤であり，人格形成の根幹に関わるものだとされているのである。学習指導要領では，それが「よりよく生きるため」と言い換えられている。これは「生きる力」を育むという学習指導要領の理念と道徳教育の目標をわかりやすいものにするという2014（平成26）年10月の中央教育審議会の答申を受けてのものだろう。「人格」あるいは「人格の完成」という表現では具体的イメージがわきにくいからだろうか，学習指導要領の第3章「特別の教科 道徳」において「人格」という語は見当たらない。また2008（平成20）年の学習指導要領解説では48ヵ所あった「人格」という語が2105年の解説では31ヵ所に減っている。しかし解説を見る限り，この「よりよく生きる」ということが「人格」や「人格の完成」という理念を含みもったものであることは間違いない。そしてそこから「道徳教育は，教育の中核をなすもの」であるとされている。「人格」の完成が教育の目的であり，その「人格」の基盤には道徳性があり，それを養うのが道徳教育だということである。それゆえ道徳教育は教育の中核をなすのである。

またここから考えると，「生きる力」とは現実社会に適応して生きる力である以上に「人格」の完成を目指すものとして理解される必要があるということでもある。それではつぎに，この「人格」という語について見てみよう。

（3）「人格」の歴史と道徳教育

「人格」という語は，明治半ばに中島力造の使用を嚆矢(こうし)として，パーソナリティの訳語として定着するようになった。それまではパーソナリティやキャラクターの訳語には「心霊」「品行」「品性」「人品」「徳性」や「人柄」「人物」「人となり」といった語が当てられていた。「品性」や「徳性」という語をみれば，この語が単なる「人柄」や「性格」といった価値中立的な意味だけでなく，「人格者」という言葉が象徴するような価値づけられた意味をもつことがわかるだろう。当時の「人格」には価値的なニュアンスが多分に含まれていたのである。この「人格」という語は明治期の日本に定着していくなかで，「向上」という語と併せて「人格の向上」という熟語になり，さらにそれは「修養」という言葉の普及とともに拡大していった。大正期に入ると教養主義の隆盛と相まって「人格主義」という用語として広まっていった。その際大きな役割を果たしたのが阿部次郎であった。阿部の「教養」あるいは「人格主義」には「聖人君子」というモデルがあった。「聖人君子」を目指して人格形成するのが「教養」や「人格主義」だったのである。

つまり，明治から大正を経て昭和に至るまで，「人格」という語は「聖人君子」を連想させ，またそれに向かって「向上」するというニュアンスを含みもつものだったのである。しかし現在「人格」という語は心理学で使われるような，ニュートラルなニュアンスの方が強いだろう。それゆえ，学習指導要領では「向上」のニュアンスを出すために「よりよく」という語が付け加わり，「よりよく生きる力の基盤としての道徳性」という表現になったと考えられる。「聖人君子」というイメージを含みもった「人格」という語が牽引していた道徳教育は，「人格」という語が価値中立的なものになるにつれて，人々を「向上」させるという機能を失い，それゆえ共通の目標やモデルをもてなくなり，低調なものとなってしまった。それが現在の道徳教育の抱えている問題といえるだろう。

目指すべきモデルが見えず，とりあえずという形で「よりよく」前に進まざるをえない。そのような状況のなかで道徳教育をいかに考え，いかに行うべきか。そのことを考えるために，つぎにこの「人格」を，日本語独特の概念である「肚」という語を手がかりに見ていこう。

2 「肚」と修養

（1）「肚」と「人格」

旧教育基本法が制定された1947（昭和22）年当時，この「人格」という言葉には「人格者」という言葉が指し示すイメージが現在よりも強く付与されていた。そしてその人格者イメージを象徴する言葉が「肚（はら）」であり「肚ができた人」であった。現在ではあまり見ることのなくなった「肚」という漢字表記であるが，生物学的・生理学的な「腹」の意味ではなく，より精神的なニュアンスが込められたときに使用される漢字表記である。たとえば，「はらをくくる」「はらを決める」と言ったときの「はら」である。「はら」という言葉をめぐる日常表現の多様さを考えてみると日本人における「肚」の重要性は想像しやすいだろう。「腹でわかりあう」「腹を割って話す」「肝胆相照らす」という言葉があるように，「肚」にほんとうの心があるという考え方を日本人はしてきたのである。

そのような「肚」を使った慣用表現のひとつが「肚ができた人」である。現在でも「できる人」と「できた人」という表現はどちらも使われるだろう。そして「できる人」というのは仕事等の能力面でのその人の優秀さを指し，「できた人」というのは，その人の懐の広さや人格面での大きさといった成熟度を指している。その人格的な成熟度を「肚」という語は象徴しているのである。「できる人」は仕事ができる人，「できた人」は肚ができた人なのである。

同じく「肚のある人」，「肚の大きい人」といった表現は，その人の実際のお腹周りの大きさのことではなく，その人の性格上の心のあり方を表現している。「肚のある人」とは自分自身のなかに中心があり，世界に対して自分自身を中心にしている人のことを指していた。自分のなかに中心を感じると，急激な状況の変化や，他者との複雑な関係のなかでも，どっしりと落ち着いていることができ，柔軟に物事を判断し，毅然とふるまうことができるようになる。一方で「肚のない人」は落ち着きがなく，神経質で，状況の変化に弱く，思いつきや主観的に行動したり，他人の顔色をうかがったりしてしまう。また「肚の大きな人」とは，心が広く，気前がよく，寛大な人のことを意味するが，その心の広さは「清濁併せ呑む」ような，質的な広さをも意味した。一方，「肚の小さな人」は「肚のできていない人」であり，未熟さの象徴であるとされた。

他に「肚」にまつわる表現としては，「肚声」とか「肚で考える」というものを挙げることができる。当時の日本人は口から出てくる声と，胸から出る声と，肚から出る声とを区別し，肚から出る声をその人本来の全身からの言葉として評価していたという。どんなにいい内容の話をしても，喉から出た声では信用されず，むしろ嘘つきとさえとらえられかねなかった。学校においても，教師は生徒の声の響き具合でその理解度を判断していたのである。

また「肚で考える」という言葉は，頭だけで考えるといったこととは異なり，全人間的思考を意味していた。当時，学校でも家庭でも，頭で考えるのはよくないことだと注意され，むしろ「肚で考えなさい」といわれたという。それは論理的知性的な判断ではなく，もっと深く，からだ全体で，本質的にものごとを考えなさいというメッセージであった。つまり，「肚」とは身体のある一部分を指すものでも，また精神的なある特定の資質だけを指すものでもなく，その人の存在まるごと全体を指すものであり，「肚ができた人」とはその統合的人格性を備えた人，「人格者」として称されるような人のことだったのである。

（2）からだ言葉と身体文化

それでは，「人格」を「肚」と捉えることの意義はどこにあるのだろうか。

それは，「人格」という抽象的な概念が具体的な身体感覚になるところにある。精神的な意味で用いられる「肚」は，「腹」という具体的な身体部位も指す。「人格の完成」における「人格」は抽象的な概念であり，具体的にイメージしにくいものであろう。しかしそれを「肚をつくる」と表現すると身体感覚が喚起され具体的なイメージがわいてくる。たとえば「決心する」という表現と「肚をくくる」という表現では意味するところは同じでも，それによって喚起される身体感覚は異なるだろう。「肚をくくる」の場合，腹周辺の身体感覚が喚起されるが，「決心する」では身体感覚は弱く，心や気持ちだけの問題になってしまう。日本人は身体の部位や身体感覚に結びついた表現を用いることで，その表現や言葉の意味を確かなものとして実感していたのである。

また身体感覚があるということは，それを育てることが可能になるということでもある。「人格」を形成するといった時に，具体的にはどうすればいいのかわかりにくい。それを「肚をつくる」や「肚を練る」と言い換えると，そのための技法が見えてくる。たとえば「堪忍袋の緒が切れる」という表現により堪忍袋という怒りを溜めるための袋が身体のなかにイメージされ，「腹に据えかねる」という表現によって怒りを腹にとどめるという身体感覚が喚起される。そしてその身体感覚をコントロールすることにより，怒りという感情をコントロールすることが可能になるのである。

「できた」という過去形で表現されるように，「肚」は何よりもまず当人の自己形成の修練の成果であると考えられていた。精神的にも身体的にも練り上げられた人格を「肚」と表現したのである。そしてそれは，抽象的な概念ではなく，実際にその人の姿勢や「たたずまい」といった身体の表れとして外部からも感じとることのできるものであった。具体的に，「肚」の存在を表わす姿勢としては，姿勢よく，どっしりと落ち着いていることだとされた。重心は上がらず臍（へそ）のあたりに保たれ，腹は引っ込めず，むしろ軽く張って押し出す。肩も張らずに力を緩めるが，猫背のように前に崩れず，しっかりとしているというのが当時の日本人の現実の，あるいは理想とされる状態であった。またそこからくる精神的特徴は，いかなる条件にも左右されない絶対的な落ち着きであると同時に，高い感受性であり，他者の言うことを聞き分ける理解力であった。他者に振り回されず，かつ他者を拒絶しない身体と心の姿勢が「肚」だったのである。

身体と精神との相関性を理解していた日本人は，姿勢や所作といった「たたずまい」にその人の精神性を見ると同時に，自らの姿勢や所作を調えることで自身の「人格」を形成していた。「肚」というからだ言葉は，それを背後から支える形で機能していたのである。ここまで例を挙げてきたようなからだ言葉やからだ言葉を使った熟語・慣用句は，身体と精神の両方にまたがるものである。からだ言葉があることによって抽象的・精神的な概念は具体的な身体感覚として実感されると同時に，その状態に到達するために必要な技法が示される。からだ言葉により身体感覚が喚起され，その身体感覚を姿勢や所作を調えることで調整し，それにより特定の精神状態がつくられる。からだ言葉によって，抽象的な概念にアプローチが可能となるのである。抽象的・精神的な「人格」を育てるためには具体的・身体的な「肚」をつくる必要があり，その土台には両者をつなぐからだ言葉が存在するのである。

言葉は，一旦習得されてしまうと意識化されにくいものである。話す内容には意識が向くが，内容を伝えるための言葉そのものは意識の対象から消えてしまう。しかし，それゆえ言葉はそれとは気づかれないところでわたしたちの思考のあり方や身体のあり方，さらには生きるあり方そのものをも規定している。

そして言葉の共有により，文化は共有され，継承されているのである。からだ言葉が豊かな日本語がつくりだしている日本文化は，「精神」や「人格」といった抽象的なものよりも「肚」や「腰」といった具体的なものによって人間を理解してきたといえる。からだ言葉が共有されることで，その言葉が喚起する身体感覚が共有され，その感覚が日本の文化や道徳を暗黙の裡に形成していたのである。逆に，からだ言葉の衰退が日本の文化や道徳の変質を招いたともいえる。それゆえ本章では言葉にこだわって，道徳教育と身体について考えているのである。

（3）「肚」を練る技法としての「修養」

先に見たように「人格」という語は明治期，「人格の向上」という熟語で「修養」という語とともに広がっていった。修養の目的は「人格」の向上であり，「人格」は修養によって練られると考えられていた。そしてその「人格」は「肚」という身心未分の具体的な身体感覚として理解されていた。つまり「肚」を練るための技法が修養だったのである。

「修養」という語が登場したのも「人格」と同じく明治期である。それは自律的な，青年期の自己形成を意味した。子どもが大人になる過渡期に，自分自身で自らを成長させる意欲や姿勢が「修養」と呼ばれ，さらに大人が聖人君子をモデルとした人格者へと自己形成する姿勢も「修養」と呼ばれた。修養の発達モデルは，子ども→青年→大人→聖人君子の４段階として考えることができる。そして子どもから大人までの変化は時間の経過とともに自然になされるが，最後の聖人君子への変化のためには修養が必要だと考えられた。また修養は全人格的自己形成であった。読書も掃除も修養になり，あらゆることが人格向上のための素材となった。教師にとっては教室での子どもとの関わりやそこで起こる問題が人格向上のための修養の材料となった。一方，「道徳」の前身としても位置づけられる「修身」は，主に学校教育の場において使用された用語であった。修養との対比でいえば，修身の発達モデルは子ども→大人の２段階である。それゆえ大人が子どもを教化するという他律的な構造になる。そこが修養とは大きく異なるところである。

修養論者として最も有名なのが新渡戸稲造である。教育基本法制定時，「人格」という語にこだわった当時の文部大臣田中耕太郎も旧制高校時代に新渡戸の教えを受けている。その田中に影響を与えた新渡戸の「人格の向上」としての修養論の特徴は，修養を「修身養心」と理解し，実際的かつ具体的な実行を重視したところにある。新渡戸はどんな些細なことでも実行することに価値があるとした。意志の力によって身を修め，心を養う。養われた心が実行に移され，その行為によりまた身を修めるという循環が新渡戸の修養であった。一方で新渡戸は，人の行為というものは，主としてその人の「品性」を表すものであるからこそ尊く，“to be”（あるということ）ということは，“to be”（なすということ）ということよりもはるかに重要なものであると述べている。新渡戸は，表に現れた行動以上に，その行動の出どころである「人格」とその形成を重視したのである。

新渡戸は修養の具体的な技法の１つとして「黙思」を挙げている。１日10分でもいいから世間の喧騒から離れて静かに沈黙することが修養になるというのである。また修養団を創設した蓮沼門三も修養の要として「瞑想」「流汗」「偉人崇拝」を挙げている。新渡戸の「黙思」も蓮沼の「瞑想」もともに心と身体とを静かに落ち着ける身体技法である。積極的に何かを「する」のではなく，姿勢を整え心をしずめ，「しない」ことによって「人格」を形成する。蓮沼が「瞑想」と「流汗」を並置したのと同じように，新渡戸においても実際的かつ具体的な実行と，何も「しない」でただあるという「黙思」が修養における重要な身体技法だったのである。

また当時の日本の身体文化においては，「肚」をつくるために「坐」という身体技法が重視されていた。坐禅をはじめ岡田式静坐法などさまざまな坐法が開発され流行した。坐ることのもつ人格形成力や坐ることによってつくられた「人格」の力を，当時の日本人は感覚的に理解し，実践していたのである。国語教育で有名な芦田恵之助は岡田式静坐法の実践者であり，教師の修養の重要性を語った人物である。また成蹊学園を創設した中村春二は「凝念法」という呼吸坐法を開発し，それを自身の教育の根幹に据えている。他にも学校において「肚」を練るために遠足や文字通りの「肝試し」なども行われていた。「肚」

を練り人格を形成することが，当時修養を学校教育に取り入れていた教育者たちにとっては大きな目的だったのである。戦後においても教育哲学者である森信三は岡田式静坐法の影響から立腰教育という，子どもの腰を立てる教育運動を提唱している。「人格」を「肚」や「腰」に見て，それを重視する教育は現代にも続いているのである。

3 道徳教育と修養

（1）教師の修養と道徳教育

「人格」を「肚」という身体の問題と捉えることの意義は，それが感覚として実感できることやそれを形成するための技法があることだけではない。身体はそれぞれ個別に存在するだけでなく，常に他者と，そして世界と交流する関係的な存在でもある。それゆえ，「肚」としての「人格」も関係的なものとして理解することができるのである。修養との関連からいえば，明治末期から大正期にかけて，教師修養論と呼ばれるものが流行した。教師の人格的修養と，その「人格」の感化を重視する教育理論である。教師修養論においては，教育技術以上に教師の「人格」は生徒に影響を及ぼすと考えられ，教師は生徒を感化するだけの「人格」を備えていなければならないとされた。当時，「人格」とは互いに交流し合うものだと考えらえていたのである。それゆえ，教師の人格的修養こそが教育において最も重要な課題であると考えられた。教師が何を，どう教えるのか以上に，教師がどのような人間であるのか，どういうあり方で教室にいて，どういったし方で子どもたちと関わるのかが重視された。教師のもつ「人格」の影響力によってこそ子どもの「人格」は育つと考えられたのである。つまり，子どもの「人格」を形成するに当たって，着目しなければならないのは教師の「人格」であり，「人格」としての身体だということである。「人格」の基盤にある道徳性を養う道徳教育においては特にそうであろう。

教育基本法が改正されるに当たって，第９条（教員）には，学校の教員は「自己の崇高な使命を深く自覚し，絶えず研究と修養に励み，その職責の遂行に努めなければならない」と「修養」の文言が新たに付け加えられた。道徳教育を強調する形で行われた教育基本法の改正において，「修養」の文言が入ったことは注目すべきことである。教師の人格形成としての修養が道徳教育においては課題であると理解されていると考えられるだろう。そして「人格」を「肚」のように身体の問題として捉えたときに課題となってくるのが，教師自身の身体であり，人格形成である。先に挙げた芦田恵之助や中村春二においては，「人格」としての「肚」をつくるために，教師も生徒も一緒になって修養をしていた。そこには教師と生徒という区別はなかった。身体や「人格」は相互に交流し影響しあう関係的存在として捉えられていたのである。逆にそれをしてこなかったのが「修身」であったといえよう。関係としての身体を問題とするのではなく，管理の対象として子どもの身体のみを問題としたがゆえに，本来感覚を継承するためからだ言葉や身体技法が，子どもたちの自由を奪う枷となり，総力戦体制下における「錬成」へとつながることになっていったのである。

身体における他者との交流とは，言語的なコミュニケーションやボディ・ランゲージといった目に見えるもの以上に，雰囲気として当人同士も意識しない中でやりとりされるものも含まれる。一人ひとりの息づかいが気配となり，その気配が集積して雰囲気となる。そしてまたその雰囲気を察知して一人ひとりの息づかいが変わり…という形で，場の空気は形成されていく。そしてその空気や雰囲気によっても教育は行われている。むしろ，目に見える教育的行為以上に，教室の雰囲気は子どもたちに影響を与えている。その教室の雰囲気に最も影響を与えているのが，教師の「人格」であり，身体である。道徳教育においては，子どもの身体だけでなく，教師の身体をも問題としなければならないのである。身心相関的に「身体の乱れは心の乱れ」と子どもの姿勢を一方的に正すのではなく，そういった子どもの姿勢を作り出している教室の雰囲気について，さらにはそれを作り出している教師の「人格」と身体に意識を向けなければならない。身体という観点から道徳教育を見ると，教師自身の「人格」や身体が問題として浮上してくるのである。

（2）「しない」をする道徳教育へ

教育基本法にある「人格」という語は，明治期にパーソナリティの訳語として登場し，それが修養と結びつくことによって「人格の向上」というニュアンスと，また日本の身体文化である「肚」と結びつくことによって「肚のできた人＝人格者」というイメージとをもつようになった。しかし，時を経るに従い，この語は，その背後にあった修養とのつながりを薄め，「肚のできた人＝人格者」という価値的な意味を失い，ニュートラルなニュアンスを強めていく。そのことにより，「人格」の完成の基盤となる道徳教育はその目指すべき方向を見失っていったといえるだろう。そしてそれは戦後日本の身体文化の衰退と軌を一にする。身と心とを一体のものとして捉え，抽象的な言葉や概念を具体的な身体感覚として実感させる働きをしていたからだ言葉が使われなくなり，また伝統的な身体運用や身体技法が時代の流れとともに消えていくなかで，それにより継承され，共有されていた常識ともいえるような身体感覚とそこから生じる価値観の共有が失われていった。身体文化はそれが言語化されにくい感覚の次元に属するがゆえに，当人には自覚化されにくい。それゆえ言葉は残っても文化や感覚は消えてしまうことがある。その残された言葉にいかに意味を付与しなおすのか，あるいは実態に合わせて言葉そのものを変えていくのかは大きな課題である。道徳教育が重視されるようになった改正教育基本法において，「人格」という語が増え，一方で学習指導要領解説においてはその「人格」が「よりよく生きる」と読み替えられた背景には，そのような課題に対する対応があったと考えられるだろう。

それを踏まえて，ここでは改めて新渡戸稲造の言葉に戻ってみることにしよう。新渡戸は修養を論ずるに当たって，“to do” ではなく“to be” を問題にした。一方では「実行」を強調しながらも，もう一方では「する」ではなく「ある（いる）」ことを重視した。改正教育基本法の第２条ではさまざまな「態度」を養うことが謳われている。「態度」とは，何かに対峙したときに表に現れたその人の言動である。これは，その場の１回限りのものも指す。新渡戸やかつての日本人の「人格」に対する理解からもう一歩深めて考えてみると，１回ごとの態度の積み重ねが「人格」を形成すると考えることができるだろう。何かをすることの積み重ねが「ある（いる）」につながっていくのである。しかし，その「ある（いる）」という「人格」の形成のためには，「態度」という積極的な方向と同時に，逆に「しない」という消極的な方向が重要となる。新渡戸で言えば「黙思」の方向である。新渡戸の「黙思」は世間の喧騒から一歩下がり，そのことにより自分自身で「ある（いる）」ことを取り戻すための技法である。何かを「する」という表に現れた態度ではなく，何も「しない」でただあるがままに自分自身を見つめるというあり方である。その消極的な方向こそがモデルなき時代の道徳教育を考える上で大きな意味をもってくる。「する」のではなく「しない」。表に現れた「態度」（“to do”）ではなく，その奥にある「存在」（“to be”）。「しない」ということは単に何もしないのではなく，逆にそのことによって，今この場この瞬間に「いる（ある）」ということをしているのである。目指すべき方向が見えないときに，「する」ことを積み重ねても「人格」を形成することは難しい。方向が見えないのであれば，むしろ「しない」をすることによって，今ここに「いる（ある）」ことをする。それによって「人格」は形成される。進むべき方向が見えないときには，いったん立ち止まって現状を確認することが最善であるように，「しない」ことによって形成される「人格」が，これからの時代には求められるのではないだろうか。

（3）「しない」をするための身体技法としてのマインドフルネス

最後に，「しない」をすることによって「いる（ある）」ための身体技法について考えてみよう。現在，心理学やビジネス，医学とさまざまな分野で注目を集めている「マインドフルネス」（mindfulness）という概念・技法がある。マインドフルネスとは，仏教用語の「念」の英訳語である。「念」という漢字が「今」と「心」という部首から成り立っているように，「今」この瞬間に「心」をとどめる瞑想法である。マインドフルネスを医学に応用して注目されたジョン・カバットジンは，「瞬間瞬間立ち現れてくる体験に対して，今の瞬間に，判断をしないで，意図的に注意を払うことによって実現される気づき」と定義している。

わたしたちの心は常に揺れ動き，さまざまなものにとらわれている。過去の失敗や将来への不安にとらわれ，物事を常に判断，評価しながら，何かをしよう，なにかしなければとかり立てられている。そのことによって逆に今この瞬間をおろそかにしているのである。今この瞬間を大切にして，そこにとどまることができるようになると，そのとらわれから解放され，自分が固定観念に縛られていたことに気づき，柔軟な対応，発想ができるようになる。

マインドフルネスには，慢性疼痛の軽減，うつの再発予防，創造性や集中力の高まり，作業記憶の向上，ストレスの軽減，「レジリエンス（精神的回復力）」の向上，他者への思いやりや共感力の深まりといった効果があることが実証的研究から明らかにされている。道徳教育の観点からは，他者への思いやりと共感力の深まりという効果は注目すべきことである。このマインドフルネスという身体技法を教師と子どもがともに実践することによって，「人格」の基盤となる道徳性が育まれる可能性は大いにあるだろう。

何かを「する」ことによって現実を色づけしていくのではなく，何も「しない」ことによって今この瞬間の現実に気づいていく。そのことにより形成される「人格」が“to be”としての「しない」をする「人格」である。これからの道徳教育を考える上でマインドフルネスは，重要な方向性を示しているといえるだろう。

参考文献

阿部次郎（1922）『人格主義』岩波書店。
カバットジン，春木豊訳（2007）『マインドフルネスストレス低減法』北大路書房。
齋藤孝（2000）『身体感覚を取り戻す』日本放送出版協会。
修養研究部会（2012）『人間形成と修養に関する総合的研究』野間教育研究所。
デュルクハイム，落合亮一ほか訳（2003）『肚——人間の重心』麗澤大学出版会。
新渡戸稲造（1907/2002）『随想録』丁未出版社／たちばな出版。
新渡戸稲造（1911/2002）『修養』実業之日本社／たちばな出版。

（小室弘毅）

第9章

道徳教育と教科教育

本章では，教科教育において道徳教育の指導をどのように行うことができるかを考察する。道徳教育は道徳の時間を要としつつ，学校の教育活動全体を通して行うことが求められているがゆえに，教科の学びも重要な役割を担っている。本章では社会科（歴史と地理）と図工科に焦点を絞り，教科の学びがどのように道徳教育に関わるかを明らかにする。歴史の学びにおいては，教師の道徳的な明示的意図を入れることなく，子どもたちに現実に生きた人間の生き方やその人間の悪にまで自由に触れさせることができ，自分の生き方を深く見つめさせることができるようになる。また歴史とともに地理の学びでは，多様な視点から事物や事象の理解が促され，さらに地理の学びでは，知と現実的な行為を一致させることにより，現実的な行為を促すことばの獲得が後押しされる。図工ではそのような地理教育を発展させ，子どもと教師の信頼関係が構築されるようになる。このようにして，教科の学びは，道徳教育を根本的に補完するのである。

1 道徳教育と教科教育の関係

2008（平成20）年改訂の学習指導要領には，道徳は，道徳の時間を要としつつ，学校の教育活動全体を通して行うことが明記されている（文部科学省 2008a, 2008b）。しかし2018年度からは，道徳の時間は特別の教科として格上げされるがゆえに，道徳の授業が道徳教育のさらに核となることが求められると推測される。このように道徳の授業の位置づけが変化することによって，教科や他の教育活動における道徳教育は軽視されるかに見えるかもしれない。しかしながら，今までの学習指導要領で，道徳の時間と他の教育活動が両輪となって道徳教育の遂行が求められていたことを踏まえれば，道徳の授業の強化は，さらに他の教育活動における道徳教育の強化と連動していると見るべきである。実際のところ，道徳の授業がより深まるには，他の教育活動との連携の強化がさらに求められている。というのも，充実した道徳教育が，日常生活と離れた机上の空論と化すことを避けるには，道徳の授業のみならず，その他の教育活動との連携の強化が不可欠になるからである。

日本の道徳教育で扱われる内容は，自分自身との関わりから他人との関わり，集団や社会との関わり，そして自然や崇高なものとの関わりに関することと，範囲が自分から広がっていく構図をもっており（文部科学省 2008a, 2008b），この根底に存在するのは，自分自身のみの利益を求める利己主義（エゴイズム）の克服を目指しているということである。利己主義の克服は，さらに自分のみならず他者を尊重することに結びついている。このような行為は，道徳的な感情や，道徳的な知的判断・認識とも密接に関わり合っている。このような道徳教育を教科教育で行うことはどのようなことを意味するのだろうか。

算数・数学や理科，社会，国語といった教科教育では，(1)系統的に知識を教授することと，(2)さらにそのような知識を用いる能力を育成することを軸に，(3)両者を組み合わせながら展開しているという特徴がある。現在の動向としては，たとえば社会科の地理で言えば，(2)のような地理的能力や地図を読む技能などの能力が極端に重視され，(1)のような地理で教えるべき内容自体が疎かにされているという批判がなされている（Lambert 2011）。このような批判は，決して旧教育のような，大人・教材中心の系統学習に戻るべきであるというのではなく，むしろ(3)に挙げたように，知識と技能のバランスを取って教科教育は行われるべきであると主張している。本章でも，知識とそれを用いる技術や能力を相互作用的に伸ばすことを教科教育の核心であると捉え，内容的知識とともにそれを用いるあり方から，教科教育の道徳教育的意味を考えたい。

2 教科教育の道徳教育への寄与の具体

教科教育は，小学校であれば主要教科である国語，算数，理科，社会，生活があり，さらにそれ以外には図画工作と音楽，家庭，体育が行われている。中学校ではさらに算数が数学となり，また英語が加わるとともに，図工が美術に，家庭科が技術・家庭科になる。本章では紙幅の都合により，これらすべてを詳細に扱うことができないため，主要教科の一つである社会（特に歴史と地理）と，その他の教科である図工に絞って考察を進めることにする。前者を選んだ理由は，社会が言葉を用いることで国語的な要素を含むのみならず，自然的な事象を捉える際に算数や理科，また外国語学習に連なる世界的な学びの要素までも内包し，さらに現実に生きる（生きた）人間を扱っているからである。後者の図工を選んだ理由は，ここで取り上げる楽器作りと合奏の実践が，他教科と比較して道徳教育の基盤をなす信頼関係の醸成に，より目に見える形で寄与するからである。

もちろんこのように焦点を絞るからといって，社会と図工が，あらゆる教科教育を代表する教科であるというわけではない。算数・数学は社会や図工に還元できない独自な性格をもっているし，音楽もまた同様である。したがって，社会と図工の特徴から，道徳教育と教科教育のすべてのあり方を解明することはできないのはいうまでもない。しかしそれでも，独自な特徴をもつ社会と図工を考察することを通して，教科教育の道徳教育へと結びつくあり方の重要な特徴の一端を示すことは可能であるように思われる。この一端の解明を通して，各専門をもつ読者が，さらに自らの教科教育と道徳教育のあり方の考察を深めるきっかけになればと願っている。なお考察するにあたっては，社会科は小学校を踏まえつつ，各分野がはっきりと分かれる中学校を主に扱い，図工はその教科の性質上，小学校を主に扱うことにする。

（１）社会科と道徳教育

① 歴史の学びと道徳教育

人間の生き方に自由に触れる

中学校社会科の学習指導要領では，歴史的分野の目標として，「歴史的事象に対する関心を高め，我が国の歴史の大きな流れを，世界の歴史を背景に，各時代の特色を踏まえて理解させ」（文部科学省 2008c：67）ることがまず何よりも強調されている。ここでいう歴史的事象とは，過去の人間の生活の営みを意味しており，歴史の学びでは，そのような営みを時系列的に関係づけて理解することが目指されている。このような，現実に起こった具体的な人間の生活の営みを扱うことのできる歴史の学びは，具体的な人間の生き方を考えることができる貴重な場でもある。学習指導要領では，上記に続いて第二の目標として歴史上の人物の理解の重要性を述べている。「国家・社会及び文化の発展や人々の生活の向上に尽くした歴史上の人物と現在に伝わる文化遺産を，その時代や地域との関連において理解させ，尊重する態度を育てる」（文部科学省 2008c：67）。このように，歴史の学びにおいては，国語や理科，数学などとは異なり，現実に生きた人間を主題的に学ぶことができるという一つの特徴を見出すことができる。もちろん国語の学びでは，確かに作者について，あるいは小説の登場人物について考えることはあるが，現実の人間の生き方や生き様，行動は主題化されていない。理科や数学の学びでも，ニュートンやガウスに触れることはあっても，それらは中心的な学びとはなっていない。こうしてとりわけ歴史の学びには，道徳教育に引きつけてみれば，(1)現実の具体的な生活のなかで，(2)人間の生活や生き方，を学ぶことができるという独自性がある。

道徳の学びにおいては，中学校の学習指導要領に見られるように，生徒が「道徳的価値及びそれに基づいた人間としての生き方についての自覚を深め」（文部科学省 2008b：30）ることが目指されるひとつとされており，そのためには，「先人の伝記」（同：98）などを用いながら指導を行うことが示されている。したがって，先人の生き方を学ぶことを通して，子どもたちは自分の生き方を問い直し，道徳的な生き方について考えることが求められているのである。道徳の時間では，このように，先人の生き方が示され，そのような生き方が重要であることが明示的かつ暗示的に示されることになる。具体的な教材としては，インド独立の父・ガンディーや，第二次世界大戦中に6000人のユダヤ人にビザを発給した外交官・杉原千畝などが扱われている（文部科学省 2014）。これらの偉大な人物を道徳の時間で扱い，子どもの生き方に働きかけることは重要である。しかし同時に，このような場では，教師の意図を見抜く鋭い子どもは，道徳教育で偉人が取り上げられる場において，(1)教師がそのような生き方を，価値ある尊重すべき生き方として子どもたちに意図的に強いていることを感じ取ることがある。さらには，(2)取り上げられる偉人は，日常性を感じられない英雄なども含まれることがあり，子どもたちには逆にそのような人物と自分の違いの大きさを目の当たりにさせることで，自分の卑小さを覚えさせ投げやりにさせることにもなりかねない。

このような道徳教育において優れた先人を取り上げる困難さを乗り越える道筋を与えてくれるのが，歴史の学びである。歴史の学びでは国家や社会，また文化の発展に関わるさまざまな先人が扱われるが，そこでは道徳教育に見られる，生き方の方向づけとしての明示的な意図はない。歴史の学びである以上，歴史的な展開や発展の文脈で，人物が取り上げられるからである。しかしだからこそ，子どもたちにとっては，教師の意図的な価値を押し付けられると感じることなく，自らそのような人物の生活や生き方を自由に感じ，かつ経験することができる。そしてまた歴史において出会う先人の生き方は，歴史的な文脈のなかで捉えられる。すなわち子どもは，その先人の生きた現実的な日常性という文脈において，その人物の生き方に触れることができる。このことは，偉人を単なる崇拝対象として現実から切り離された英雄とみるのではなく，現実の生活との関わりのなかで捉えることを意味する。こうして子どもたちは，とりわけ歴史の学びにおいて，先人の生き方を，より自由かつ身近に触れることができるのである。自分の生き方を深めるには，したがってこのような歴史の学びで，人物を丁寧に取り上げることが，重要な意味をもつ。

悪を認識する

道徳の授業では，悩みや葛藤を抱えながらも善く生きる人間の姿が題材として選ばれ，そのような人間がどのように自らの進むべき道の決断を下したかなどが話し合われ，さらにそこから子どもたちは自らの生を深めるように促される傾向にある。このような道徳の授業であまり取り扱われないのは，現実に生きる人間のありのままの姿，もっといえば人間のさまざまな醜態，つまり悪である。もちろんこの悪は，いじめや暴力事件などを通して，子どもはすでに日常においても目にしていることではあるが，それらは端的に避けるべきものとして子どもたちの目から覆い隠されがちである。このことは当然そうされるべき一面を有している一方で，中学校に入り思春期にさしかかると，悪態を含め現実の人間の姿を直視し，しっかりと認識することも，自らがどう生きるべきかという問いを考える上で重要になる。このような人間の悪は，道徳の授業では善さを求める意図的働きかけから，否定的に扱われざるを得ず，そのありのままの姿を認識することは難しい。そこで大きな役割を担うのが，歴史の学びである。

歴史の学びでは，人間の生き方を扱うがゆえに，子どもたちは人間の醜い側面や悪にも触れるようになる。そこで子どもたちは，社会や国家の発展とともに，人間どうしの対立や戦争とその背景に直面し，人間のありのままの姿を，道徳的善さの追求を主要な目的とせずに経験することができる。歴史の学びでは，道徳教育では扱われことがほとんどない，宗教から派生する対立も，取り上げられる。十字軍とイスラム教徒の対立や，宗教改革をはじめとする戦争等である。このような宗教に関わる戦争をはじめ，領土や植民地獲得に関わる度重なる戦争や，イスラエルをめぐる欧米の策略，またナチス・ヒットラーの行いも，現実の人間を理解する上で目を背けてはならないだろう。このような悪の認識は，現実的にどのように行為すべきか，ということを考える上で極めて重要である。というのも，人間とはそもそもどのような存在であるかの洞察を抜きにして，現実の人間の行為すべき方向を定めることは困難だからである。中学校も高学年になると，「人として善く生きましょう！」，「みんな仲良く正しく生きましょう！」というスローガンは，子どもたちには現実離れした空虚なことばと捉えられかねない。歴史的な事象に十分に触れれば，子どもたちは，現実には善く生きることなどとても難しいがゆえに，悪と闘うことを，善く生きる前提として考えるようになる。少なくともこのようなところから，単に「人として善く生きましょう！」というスローガンのもとに，人間である自分を見つめることなく行為するあり方を脱することができる。

このように歴史の学びは，子どもたちが悪に触れることのできる希有な場である。もちろん歴史の学びでは，戦争する双方のどちらかが「悪い」と一方的に決めつけることは控えるべきである。しかし戦争という人を殺害する行為自体，あるいは領土を侵略するという行為自体のもつ危うさを示すことは可能である。そしてそこから子どもたちは，現実の人間の行為のあり方を問い直し，善だけでなく悪とは何かも考えることができるようになる。したがって歴史の授業では，道徳教育の視点から見て教師は，事象をただ追いかけるだけでなく，事象に含まれる人間の対立や戦争といった行為にも，子どもたちにじっくりと触れさせる余地を残しておく必要がある。

多様な見方をする

一つの事象を多様な視点から見ることは，歴史の学びでとりわけ目に見える形で行うことができる。たとえば1945年の第二次世界大戦終了は，終戦ではあるが，連合国との戦争の結果と見れば日本にとっては敗戦である。しかし他方で，日本に支配されていた国々から見れば，解放と捉えられる。このような多様な見方を身につけることは，自分のみの考えにこだわり，自分を中心に考える利己主義的思考法を脱することのできる一つの契機になる。しかしそれだけではない。歴史の学びにおいて多様な視点から事象を検討することは，他の科目での多様な視点からの考察とは異なり，現実の社会的な対立において事象を多様な視点から考察することを意味する。とりわけ戦争において植民地化された国と植民地化した国のそれぞれの歴史的理解は，その最たるものであろう。1945年の終戦を，日本から見て，また韓国・北朝鮮から見てどう考えられるか。あるいは1945年の原爆投下を，日本から見て，またアメリカから見てどのように意味づけられるか。このような一国史的理解からの脱却の必要性は，歴史教育では早くから主張されていたが*，いまだ十分には達成されていない**。現行の学習指導要領においては，歴史の学びにおいて，さまざまな国や立場から歴史的事象を捉えることは明示的には求められていない。もちろん小学校段階では，まずは自国の観点から歴史を捉えることは重要であるが，しかし中学校になり，世界史も主題的に取り上げられるようになる段階では，すべて事象を自国の視点から捉えるだけでなく，他国の視点からも捉えられるように子どもたちを導く必要があるのではないだろうか。このようにすることで，現実的な社会的・歴史的対立の場において，多様な見方をすることに意味を実感し，さらに自分で実践する必要に迫られ，実際にそのように思考することが促されるのである。

＊このような歴史の一国史的理解の脱却の取り組みは，1980年代からの比較歴史教育研究会等においてなされている。

＊＊近年，日本，韓国，中国の間で，歴史学・歴史教育研究の交流が盛んになっており，共通教材を作る動きも見られている（君島 2011：7-11，2009）。

② 地理の学びと道徳教育

世界と人間の多様なあり方の根源を探る

地理の学びの最も独自な特徴は，日本と世界に見られる多様性を具体的に学ぶことができるという点である。中学校の学習指導要領においては，地理の内容として，日本とともに「世界各地における人々の生活の様子とその変容について，自然及び社会的条件と関連付けて考察させ，世界の人々の生活や環境の多様性を理解させる」（文部科学省 2008c：29）ことがいわれている。理科ではウマは，ほ乳類に分類されるだけであり，スペインの血気のある純潔なウマと，モンゴルの草原を駆けるウマは区別されず同種なものとして理解される。しかし地理の学びでは，両者の違いは場所と環境の違いにより，はっきりと捉えられる。つまり地理の学びにおいては，より多様な現実に肉迫することができるのである。

事物や事象の多様性は，根源的に空間と場所の相違に由来する。その多様性はもっといえば，根本的には場所と空間の唯一性に基づいている。あなたが今この文章を読んでいる場所を占めているのはあなただけであり，いかなる存在物もその場所を同時に占めることはできない。その唯一性が折り重なって，人間や世界の多様な独自性を形作っているのである。そしてまた，場所に根差した多様な事物や事象は，その事物や事象のみでなく，周囲の事物や事象と密接に関わり合って成り立っている。スペインの純潔で強いウマは，スペインの気候とともに，スペインの植民地支配といった人間の社会的な営みと無関係ではない。モンゴルのウマもまた同様である。このような場所に基づく有機的な連関をもつ事物や事象を，地理の学びでは，細分化することなく，探究することができるのである。日本の地理の学びは，人文地理学に偏っている面はあるが（理科で地学の学びを行っている），それでも同時に自然地理学としての自然が環境に与える影響をも考慮に入れる，まさに文字通り地理学（Geo-graphy：大地に存在するあらゆるものを－記述する）の総合性を保持している。こうして地理の学びにおいて，子どもたちは，その事物や事象のもつ現実の有機的な多様性に肉迫することができるのである。

「多様性を認めよう」とはよく叫ばれることだが，現実には自分と異質な他者や文化と関わることは，自分が脅かされかねないと感じ，しばしばそれらの多様だが自分と異質なものを排除する方向に向かってしまう。つまり子どもたちは，多様の内実を知ることなく，多様な存在を拒否するなかで，多様性を認めようという要求を「ことばとしてのみ」受け入れてしまうのである。多様性を認めることは，そう簡単にできることではない。しかしだからこそ，多様な事物や事象のなかに入り込んで，そのあり方に触れ，よく感じ，考える必要がある。このように，地理の学びは，異質で多様な他者との関係をよりよくする上で，まさに基礎的位置を占めるのである。この他者との関わりは，具体的には異質な他者を排除するいじめ問題をときほぐすものになるのである。

知と行為の一致を目指す

さらに地理の学びでは，歴史の学びとは異なり，現在の事物や事象が扱われる。もちろん，地理的な事物や事象は，過去の歴史的営みの産物ではあるが，それでも現在の状況を扱っていることに変わりはない。歴史の学びで，奈良の平城京が取り上げられても，平城京は奈良時代のままには現在確認することはできない。歴史は過去の事物や事象を扱っており，その知は現在の状況を直接示すものではない。それに対して地理の学びにおいては，たとえば「シャッター商店街」について学ぶときには，その商店街は，実際にそのような商店街に赴き，確認することができる。先のモンゴルの草原のウマも，過去のものではなく，現在モンゴルに行けば，実際に見ることができるものである。つまり地理の学びにおいては，学ぶ内容の「知」は，「現実の事象」と対応しているのである。ことばを基にした知が，現実の事物や事象と対応しているということは，その知は現実に見られる状況，人間との関係で言えば，現実の行為と結びついていることを意味している。知は，抽象的で現実を離れた知ではなく，現実とつながっている知なのであり，つまりそのような知は，人間に現実と結びついた知の習得を促すようになるのである。この知は人間の行為の観点から見れば，言行一致の知であり，つまり口先だけで行為を伴っていない嘘ではなく，思考と行為が結びつけられて，行為を現実化する知へと行き着くのである。

嘘をつくことや約束を破ることは，道徳教育において，とりわけ注意を向けられている。しかしながら，嘘をつかないようにするにはどのように働きかけたらよいのか，嘘をついてはいけないというだけでは子どもの心に残らない。嘘とは，言葉にしていることと，実際に行為することが乖離していることを意味しており，どのような言葉を身につけるかが基本的に重要となるからである。このような言葉の習得に関して，知と現実，知と行為が結びついている地理的な言葉の習得は，基本において，子どもに嘘をつかないように促そうとするのである。

（2）図画工作教育と道徳教育：楽器作りと合奏の実践

長野県の公立小学校では，地元のアスナロやヒノキ，ツガといった木を用いて弦楽器（バンドーラ）を作り合奏をする取り組みがなされている。この実践は，図工と総合的な学習の時間の一部を使って行われている。この弦楽器は，ギターとマンドリンの間の大きさの４弦の弦楽器であるが，その特色は，自分で胴体と弦を巻くヘッド，そしてサウンドホールの形を自由に決めることができる点にある。つまり，そのような点で，楽器を自分のオリジナルなものにすることができるがゆえに，自分だけの音色をもつ世界に一つだけの楽器を作り上げることができる。また楽器作りと合奏は，図工のみならず，楽器を作る過程を作文に書かせて振り返らせる国語や，製図には算数，木の性質を理解して木を切ったり，削ったりするときには理科，また製材所で木材の加工を知るには社会，さらにはできあがった後は合奏をするので音楽の学びでもあり，総合的な学習という面ももっている。

① 地理教育の応用的実践：もの作りを通して行為に結びつく言葉を身につける

このような図工の実践で際立つのは，口先だけの知をもつのではなく，実際にものを作り上げる行為する力が求められるということである。このことは，前節で地理の学びにおいても見られたことであるが，図工ではさらにより具体的にものを作るということを通して，行為に結びつく知・言葉を身につけることが重視されている。たとえば「木は木目に沿って削る方が，形がきれいに整う」という知は，まさに実際にそのように行為するなかで実感をもって身につくのである。

それに対して現在の状況は，インターネットの普及により，いまだかつてないほどに大量の情報にわたしたちは触れる時代に生きている。そこで目の当たりにされるのは，言葉の洪水である。わたしたちは，事実かどうかもわからない大量の言葉にさらされ，かつ責任も伴われない形で匿名である事象について誹謗・中傷する機会をもっている。つまり言葉が驚くほど軽くなり，現実の行為と結びつきづらくなっているのである。道徳教育も責任がないわけではない。モラルジレンマの授業では，道徳的な判断が問われているが，そこでは実際に行為するかどうかは問題にはならない。つまり，自分は法律を破っても，人間の命の尊重という観点から自分のパートナーを助けると判断したとしても，実際にそのように行為するかどうかは等閑に付される。もちろん，道徳的判断を鍛えること自体は重要なことである。しかしながら，その言葉による思考判断が行為と結びつけられなければ，十分な道徳教育とは言い難い。また子どもたちはしばしば「いじめをしてはいけない」と話すが，実際にはまた少なくない子どもたちがいじめに関わっているという状況もある。つまり，言葉が現実の行為に結びついた言葉として，自分のものにされていないのである。このような状況を打破するには，言葉を主に使って行う道徳の授業だけでは限界がある。前節で見た地理の学びとともに，それをさらに知・言葉の現実的な行為化という点で地理の学びを深化させる図工が重要性を帯びてくるのである。

この実践では，教師の言葉も重みをもつようになる。教師は通常の言葉を中心にした教科の授業とは異なり，木の削り方を指導し，うまくできていないときには，教師自ら削り，口先だけでなく行為をもって示す。子どもは，そのような教師の姿を見て，教師の言葉を軽く受け取るのではなく，きちんと現実的な力をもった言葉として受け取る。実際に私がこの実践を行っている塩尻市立塩尻西小学校に入ったときには，教師が一言注意をすると子どもたちはすぐに聞き従っていた。これは子どもたちにとって，知・言葉が現実の力をもつようになった証左であると考えられる。

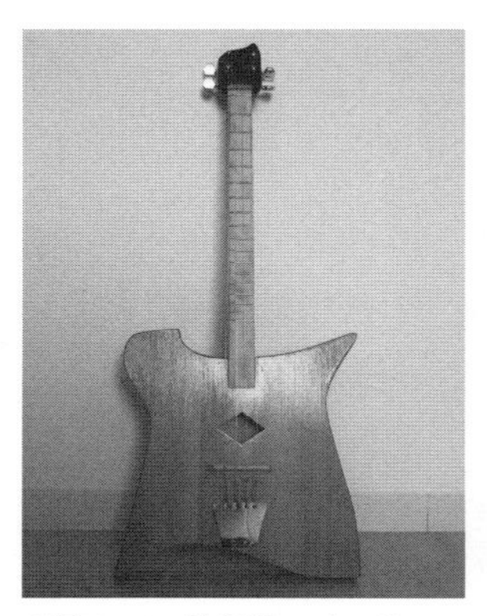

写真 9-1　弦楽器・バンドーラ

写真 9-2　弦楽器作りを指導する教師
（2008年6月，塩尻西小学校5年生）

② 教師との信頼関係を強いものにする

小学校の子どもたちは，発達段階的に見て，自分の手で実際にものを作ることがとても好きである。またルドルフ・シュタイナーの教育理論も踏まえれば，この児童期という時期の子どもは，世界を芸術的なものを通して理解しようとする欲求がある（シュタイナー 1986）。このような欲求を楽器作りと合奏は満たすことができるとともに，この楽器作りで子どもたちは，同じ楽器でありながら，自分の好きな形を胴体の形にできるために，教師は子どもたちの個性を目に見える形で尊重することができる。子どもたちの側から見れば，教師は自分たちが求めていることを存分に満たしてくれる存在であり，かつ楽器というものの媒体を通して自分を他者と比較することなく尊重してくれる存在である。そのような教師の下で，子どもたちは成長したいという思いを強くする。こうして子どもたちは，教師を尊敬し，信頼するようになるのである。

このような図工の学びは，単にものを作る教科ではない。この学びは最も目に見える形で，子どもの欲求を満たし，かつ行為によって子どものもの作りを導くことのできる教科である。ここでは子どもは，他の教科ではなかなか築くことができない関係を教師と築くことができるのである。つまり，教師がことばと行為を一致させて指導することを通して，子どもの創造行為を支えるために，子どもは教師の真理性（嘘をつかず，言ったことを行為で示す）と自分への愛を感じ取り，教師と信頼関係を築くことができるようになるのである。私が入り込んだ塩尻西小学校５年１組（2008年当時）は，教師と子どもの関係が極めて良好であり，見事にまとまっていたクラスであった。

子どもと教師との信頼関係は，さらに子どもが教師の知・言葉を自ら受け入れる基盤である。道徳教育の指導は，扱う内容に目が行きがちであるが，このような信頼関係なしには十分に遂行できない。楽器作りと合奏に見られるような図工の学びは，内容だけでなく，その内容を行う場において子どもと教師との信頼関係の醸成に極めて大きな役割を担っているのである。

3　道徳教育としての教科教育の役割

教科教育では，道徳では扱わない内容を扱うことができるだけでなく，その内容に触れて，さらにその内容を自分の生き方に関わる問題として自由に受け入れることが可能である。現実の人間の姿を直視する歴史や，そのような人間の多様な生活にまさに触れることができる地理の学びでは，現実の人間のあり方をじっくりと考えることができる。また楽器作りと合奏の実践に見られるような図工の体験的な学習では，道徳教育を行う土台をなす子どもと教師の信頼関係の構築に大きく寄与する。もちろん社会と図工だけでなく，図工にさまざまな教科の要素が含まれていたように，他の教科にも道徳教育的な要素が含まれているのはいうまでもない。しかしながら，とりわけ社会と図工（中学校では総合や技術・家庭科，音楽，美術）には道徳教育の基盤を形作る際立った特徴がある点を指摘しておきたい。教科教育も道徳教育を意識することで，教科教育は道徳の時間をより効果的に補完することができるのである。

参考文献

カント，宮島光志訳（2001）『カント全集16　自然地理学』岩波書店。
君島和彦（2009）『日韓歴史教科書の軌跡』すずさわ書店。
君島和彦編（2011）『歴史教育から「社会科」へ』東京堂出版。
シュタイナー，坂野雄二・落合幸子訳（1986）『教育術』みすず書房。

デューイ，松野安男訳（1975）『民主主義と教育』岩波書店。
広瀬俊雄監修，藤林富郎・池内耕作・広瀬綾子・広瀬悠三（2012）『「感激」の教育――楽器作りと合奏の実践』昭和堂。
文部科学省（2008a）『小学校学習指導要領解説　道徳編』東洋館出版社。
文部科学省（2008b）『中学校学習指導要領解説　道徳編』日本文教出版社。
文部科学省（2008c）『中学校学習指導要領解説　社会編』日本文教出版社。
文部科学省（2014）『私たちの道徳　中学校』廣済堂あかつき。
Lambert, D. (2011) "Reframing School Geography : A Capability Approach," Butt, G. (eds.), *Geography, Education and the Future,* Continuum, London, 127-140.

（広瀬悠三）

第10章

道徳教育における対話理論

すでに広く知られているように，2014年に国立教育政策研究所は「思考力」を中核とし，それを支える「基礎力」と，基礎力と思考力を方向付ける「実践力」という三層からなる21世紀型能力を提示した。ここでいう思考力や実践力は，閉ざされた個人のなかで育成されるものではなく，他者との関わりや話し合いによって育成される力であり，また社会やコミュニティにとって価値のある解を導き出す力であるとされている。いわば，他者との関わりによる学びを強く打ち出したものであるといえよう。

道徳教育においては，「特別の教科道徳（道徳科）」の成立の流れと相まって，学習指導要領の一部改正のなかで「考え議論する道徳」が打ち出されることとなり，話し合いや対話がにわかに脚光を浴びる形になってきている。

そこで本章では，道徳教育を「対話」（dialogue）という観点からあぶり出していくことを目的とする。道徳教育における対話を明らかにしていくにあたり，ローレンス・コールバーグのジャスト・コミュニティアプローチ（Just Community Approach）を参考にしながら，対話の特徴を明らかにする。そして，最終的に対話によってもたらされる存在の相互承認によって，深い自己肯定感が得られることを示す。

1 道徳教育と対話

（1）考え議論する道徳へ

2015年３月に告示された「一部改正学習指導要領特別の教科道徳（道徳科）」において，道徳教育は「考え議論する道徳」へと舵を切ることとなった。とりわけ同年7月に出された『解説編』においては，「答えが一つではない道徳的な課題を一人一人の生徒が自分自身の問題と捉え，向き合う『考える道徳』，『議論する道徳』へと転換を図るもの」（文部科学省 2015b：2）と明記され，今後わたしたちがさまざまな課題と向き合い解決していくためには，「高い倫理観をもち，人としての生き方や社会の在り方について，時に対立がある場合を含めて，多様な価値観の存在を認識しつつ，自ら感じ，考え，他者と対話し協働しながら，よりよい方向を目指す資質・能力を備えることがこれまで以上に重要」（文部科学省 2015b：1）であると示されている。

今後展開される「道徳科」において，本章に関わって特に重要なのが，自己とは異なる他者との議論や対話を通じて，道徳的な諸課題に向き合っていくという視点である。従来の道徳教育（とりわけ「道徳の時間」）は，文部科学省も示しているように，登場人物の心情理解に偏った指導が行われていたり，あるいは特定の価値観を教え込んでしまう傾向にあった。より踏み込んでいえば，子どもたちの生活文脈から切り離された徳目（内容項目）の解釈を伝えるだけの道徳教育や，はじめから「答え」ありきの道徳教育（道徳の時間）は，今後影を潜めていくことが考えられる。逆にこれからは，道徳的諸価値が子どもたちの生活のなかにおいてどのような意味をもつのか，すなわち，子どもたちが自身の経験に照らし合わせるなかで，道徳的諸価値に基づきながらよりよき生き方を協働しながら探究していく道徳教育が必要とされてくる。「協働による生き方の探究」，これがすなわち道徳教育において対話が用いられる意義といえる。

（2）協働による生き方の探究

協働による生き方の探究について，もうしばらく見ていこう。人間が社会的な存在であることは周知の事実であるが，ここには当該の社会からの影響を受けながら成長発達していく人間存在という意味と同時に，わたしたちが当該の社会そのものを創っていく主体者でもあるという意味も含まれている。道徳教育で目指される「人間としてのあり方や社会のあり方を希求していくこと」は，社会や共同体と不可分な存在としての人間が，人間と社会の双方のよりよき成長，発展へと向けて協働していくことに他ならない。「協働して動く」という作業こそが，対話であり，わたしたちは対話によって他者と意味を共有し，また意味を創り出していく。この意味の共有と創出のプロセスこそが対話であり，対話という不断の行為によってわたしたちは自己を形成し社会を形成していくのである。

このように，道徳教育と対話は非常に親和性の高いものであるが，こと日本においては双方を結びつけて捉える傾向は少ない。さらに，日本の道徳教育は，ややもすれば「社会からの影響を受けながら成長する人間」としての意味で道徳教育を考える傾向にあり，だからこそ，道徳的価値をいかに内面化していくかということに焦点が当てられ，また道徳的価値の伝達により重点を置く道徳教育になる傾向があるといえる。たとえば，「教育改革国民会議」(2000年）において「学校は道徳を教えることをためらわない」と提案されたのは，その最たる例であろう。しかし，子どもたちは学校・学級，あるいは地域という「小さな社会」の主体的な形成者の一員であることは紛れもない事実であり，社会の形成者としての側面を含めた道徳教育を今後より一層考えてく必要がある。

また最近では，文部科学省の「言語活動の充実」の流れを受けて，対話はどちらかといえば言語活動を充実させていくコミュニケーションの手段として語られる場合が多い。今回の改正においても対話は「議論」や「話し合い」と併置表現されており，特別な意味をもって用いられているわけではなさそうだ。

そこで，以下において，対話に基づいた道徳教育実践を見ていきながら，対話のもたらす教育的意味について考察していく。

2　対話を基盤とした道徳教育

（1）ジャスト・コミュニティアプローチ

対話に基づいた道徳教育の代表的な実践として，ローレンス・コールバーグのジャスト・コミュニティアプローチが挙げられる。すでにジャスト・コミュニティについては，伊藤啓一（1991）や荒木寿友（2013）が詳しく論じているため，本節では概略を述べるにとどめることにする。ジャスト・コミュニティは主として1970年代から80年代にかけてアメリカで行われたものであり，現在でもアメリカ・ニューヨークのスカースデール・オルタナティブ・スクール（Scarsdale alternative school）で実践されている。またドイツ，スイスなどではシティズンシップ教育，民主主義教育の一環として実践されている（Althof & Berkowitz 2006；Oser, F. K. 2014）。

ジャスト・コミュニティとは，学校のシステムそのものを「正義」（justice）に基づいた構造，つまり，教師と生徒がそれぞれ一票をもつ直接参加型民主主義に変えることによって，個人の道徳性発達を目指すのみならず，他者に対する共感的な態度や責任感，および「コミュニティ」（community）における「公共善」（common good）の確立を目指すものである（ヒギンズ 1987）。とりわけ，そこにおいて重要なのが，教師－生徒間，生徒－生徒間の対話によって，現実に学校で起こっている現実の問題（マリファナやドラッグ，窃盗，人種の問題など）を解決していくという点である（Mosher, 1980；Power, et al., 1989）。

この取り組みは，当初コールバーグが取り組んだ仮説ジレンマディスカッション（日本ではモラルジレンマ授業と呼称：荒木紀幸（1988, 1997））への反省（Kohlberg 1983），ならびに当時のアメリカ社会における行き過ぎた個人主義に対する対応が挙げられる（たとえばベラー 1991）。特に，仮説ジレンマディスカッションは，教材として用いられる物語資料が「仮説」であるがゆえに，生徒たちには切迫性や現実性を帯びたものとならず，生徒の実際の行為を変えるに至らなかった問題があった。特にコールバーグは，仮説ジレンマの授業が学校や子どもの『現実生活』（real life）との関係を「仮説」であるがゆえに制限してしまっている点において限界を感じていた。生徒の道徳性をより発達させていくためには，学校そのものが正義の共同体になる必要があり，そこにおいて生徒が積極的な役割を担えるように参加を促していく必要があったのである。コミュニティへの積極的な参加，すなわちコミュニティへの関与という点が重要な意味をもってくるのである。

（2）ジャスト・コミュニティにおける対話

コールバーグによれば，対話とは，「他者とのかかわり方のうち，互いに承認しうる合意に到達することを目指すものとして必要なもの」であり，「相互に問題を解決しようと努力する中で，各人が自己の最善の選択理由を示し，かつ人の示す理由に耳を傾ける過程を意味する」(コールバーグ 1987：44)。つまり，発話と傾聴によって合意の形成を目指すこと対話であるといえよう。ジャスト・コミュニティにおいては，現実問題の解決を目指していくために，コミュニティとして最終的に結論を決定する作業が含まれる。見解の異なる人間同士が何かしらを決定するという作業は，まさに人々の間に対話の契機を与え，その対話によって合意を目指していくのである。

たとえば，この合意形成において中心的な役割を果たしているのが，ジャスト・コミュニティにおけるコミュニティ・ミーティングである。このミーティングは毎週開かれ，生徒と教師全員が参加し，議題委員会（何を議題とするか決定する委員会）で決められた論題を議論し，問題の解決，規則の制定などが行われる。

コミュニティ・ミーティングでは，合意の形成が目指されるものの，それは安易に多数決によって図られるものではない。教師は問題に対する双方の意見の一致，あるいは何らかの妥協が示されるまで，投票を先送りにしたことが示されている（Reimer et al. 1989）。多数決による意思決定が合意を意味するのではなく，あくまで総意としての意志決定を目指すところにこそ，ジャスト・コミュニティにおける対話の特徴がある。それゆえ，このミーティングでは一つの問題に対してかなりの時間が費やされて論じられることもしばしばあった。

ただし，総意を目指した合意形成が必ずしも最善の結果を生むわけではないことは留意すべき点である。たとえばジャスト・コミュニティ初年度において盗難事件が生じた際，規則を作れば盗難がなくなるという意見が「総意」として決議された。しかしながら，盗難事件はその後も起き，コミュニティにおける相互の信頼の問題として盗難を扱わなければ解決には至らないという「総意」に至ったことが示されている（荒木 2013：193-196）。

この事例からわかるように，時間をかけてお互いが納得する合意が形成されたとしても，その合意内容が不十分なものであったり，あるいは問題の核心を認識していないものであるならば，問題は継続して生じてくる。ここには，コミュニティに所属するメンバーがお互いをどのように捉えているのかという他者への認識（他者への信頼）そのもの，そして個々人が集まったコミュニティに対する認識そのものが，対話や合意の内容に影響を与えていることが見て取れる。初年度において，メンバー相互の関係性が十分ではないところから出発した対話活動は，翌年までの継続した対話によって互いの認識が深まることになり，よりよい「総意」が形成されていったと結論づけることができるだろう。

以上から，ジャスト・コミュニティにおいて目指された対話とは，メンバーが互いの諸要求や見解を提示すると同時に他者への信頼を確立していき，そのときに最も納得できる最適な解を形成していくことであるといえる。対話によって得られるのは，完全なる解の状態ではなく，その瞬間における「最適解」「納得解」へと近づいていくプロセスであるといえる。対話は問題を解決するためにお互いが意思や考え，想いをくみ交わすという重要な手段でもあり，また対話活動そのものが他者との信頼を築いていく手段ともなるのである。

3 対話について

（1）対話とは何か

前節において，対話のもつ２つの側面が明らかになった。それは想いをくみ交わすという側面であり，もう一つが他者との信頼を築いていく側面である。本節においては対話そのものにより焦点を当て，その本質を探っていく。

対話（dialog）とは，語源的には“dia”（between, through：～の間で，～を通じた）“logos”（word：言語，論理，意味）から成立しており，哲学・思想事典によれば「文字通り互いに異なる（ディア）論理（ロゴス）が開かれた場でぶつかり合い，対決を通じてより高められた認識に到達しようとする運動」（廣松ほか 1998：1025）であるとされる。また，パウロ・フレイレは対話を水平的な関係とし，「愛，希望，相互信頼によって結ばれるとき，（対話を行う）両者は共同して批判的探究へ向かうことが可能になる。真の交流をつくりだすのは，対話だけである」（フレイレ 1982：99，括弧内は引用者）と述べる。

対話の事典的な定義から，またフレイレにとっても，対話は「ぶつかり合う対決」であり「批判的探究」であると位置づけられていることは大変興味深い。フレイレは別の箇所において対話を「知的探究」であるとも述べている（フレイレ 1982：256）。対話は単に想いをくみ交わすという表面的なやりとりではなく，言葉や論理のやりとりによって不均衡あるいは不安定に陥った認識の状態を，より合理的で安定した高い認識の状態へと導いていくことなのである。

コールバーグの定義では合意を目指すことが対話において目論まれていたが，フレイレなどは，合意ではなく探究への入り口に立つこと，ならびに認識の高まりが対話において目指されている。しかしながら，「合意」と「認識の高まり」は同じではない。これについては第三項で後述する。ここではひとまず，発話と傾聴によって両者が探究活動に入っていくことを対話と定義し，それによってもたらされるものを「合意」と「認識の高まり」であるとまとめておこう。

合意であれ，認識の高まりであれ，まさに新たな認識の地平をめぐってその当事者が言葉や論理を交わしていくというコミュニケーションの手段としての対話の側面がここに見いだされる。この脈絡で対話を考えていくと，いかにして私は他者に語りかけるかという，いわば「発話の方法」，ならびに相手が話している言葉に耳を傾けるという傾聴に焦点が当てられることになる。以下において，傾聴に的を絞って，それこそが対話を対話たらしめる最も重要な鍵を握るものであることを示す。

（2）傾聴によって始まる対話

フレイレは対話活動に入っていく前提として「愛，希望，相互信頼」といった積極的な肯定的態度を提示していたが，この前提であれば，相互信頼のないところではそもそも対話は成立しないことになってしまう。となると，新たに出会った人や遠い国の人同士では，対話は成立しない。さらにいえば，わたしたちの現実の生活においては，家庭内の不和，友人との喧嘩，ご近所の諍いから主義主張，民族や宗教をめぐる紛争など大小多くの争いが実に多く存在し，相互信頼のないところにこそむしろ，対話が必要なのではないかと考えるのが自然である*。相互信頼を生みだすために必要なこと，それこそが傾聴であり，傾聴によって始まる対話活動が，結果として相互信頼を導き出し，相互信頼を強めていくのではないだろうか。

*たとえばケネス・J・ガーゲンは中絶についてさまざまな立場の人々が集まったミーティングを紹介している（ガーゲン 2004：229）。そこではまず関係性を築くために，集まった人々の個人的な体験を語ることが重要視され，中絶に対する自身のより深い信念などに焦点が当てられた対話が行われた。またアダム・カヘンも同様の実践を多数行っている（カヘン 2008）

傾聴とは文字通り理解すれば，相手の話に耳を傾けるという意味になるが，対話における傾聴はそれ以上の意味をもつ。たとえばカール・ロジャースは「耳を傾ける能力，聞いてもらった時の深い満足，真実であること，これによって他者をもより真実であらしめること，その結果として生じてくる愛の自由な授受。これらこそ…対人間のコミュニケーションを豊かにし高めていくもの」（ロジャース 1984：25）とコミュニケーションの究極のものは傾聴であるとする。相手に対する共感的態度，無条件受容をもって臨む聴き方が傾聴であり，さらにいえば「なぜその人はそのような考え方をするに至ったのか」という相手の発言の背後に意識をめぐらせることも含んでいる。積極的な傾聴とは，すなわち，共感的な態度によって相手の発した言葉に隠れている相手の歴史をも感じる事なのである。このような積極的傾聴は，まさに自分自身が相手と一致することを意味する。

しかしながら，傾聴はその言葉以上に実践が困難なものでもある。わたしたちは傾聴の態度で対話に臨もうとしても，話が聴けない場合がある。たとえば対話によってアパルトヘイトなどを解決に導いたカヘンは，以下のように述べている。「私たちが人の話が聴けない理由には，自分自身の内面の声によってその人の声がかき消されてしまうことが挙げられます。私たちは反応し，推測し，判断し，先入観をもち，予想し，期待し，自分の枠の中で繰り返し，横道に逸れ続けてしまうのです。聴くことにおいて，最も難しい点は，自分自身の内面の声を鎮めることなのです。そして，それができたときに初めて，私たちは世界を新たな目で見ることができるのです」（カヘン 2008：161）。

わたしたちは，積極的に聴こうとしながらも，聴いているまさにその瞬間において無意識に相手の話に対して価値判断を行っている。無条件受容をもって聴くということは，その瞬間における価値判断を保留することであり，自分の聴き方そのものを内省することにつながる。積極的な傾聴とは，自分自身の聴き方そのものをメタ認知することでもあり，自分の思考の癖や考え方そのものを「自己内対話」によって明らかにすることでもあるのである。

（3）対話によってもたらされるもの

発話と積極的傾聴によって探究活動に入っていった対話は，「合意」あるいは「認識の高まり」を目指すと第一項で述べた。合意とは対話を行う両者によって決定された共有事項であり，認識の高まりは新たな認識の地平に立つことを意味する。

この両者をジャスト・コミュニティ実践において考えてみるとどうなるだろうか。第二節で論じた窃盗問題に照らし合わせてみると，合意とは新たに設定される規則や方針，すなわち「盗みに対する規則作成」を意味するであろうし，認識の高まりは，よりよく生きていくために当事者が共有した価値，すなわち「コミュニティにおける信頼そのものについて考えていく必要性に気付く」ことを意味するであろう。この両者には大きな相違がある。合意によってもたらされたものは，ルールという明文化された規則であり，認識の高まりによってもたらされたのは，メンバー間に共有されるよりよい生き方，あり方，意味の共有なのである。

同様のレポートは，別のジャスト・コミュニティ実践（人種間の問題を取り扱ったもの）からも見て取れる（荒木 2013：217-224)。黒人と白人の生徒数が不均等であったために，入学者数を平等にしてほしいという黒人の生徒からの申し出を受けて，生徒たちは数の上での平等を図っていくべく，入学者とスタッフに関する人数上のルールを設け，実施した。しかしながら，数の上での平等がある程度整うと，今度は白人と黒人がそれぞれ集団をつくるようになり，黒人と白人の分離という新たな問題が生じた。そこで両者はコミュニティの観点から，黒人と白人が協働するよりよい姿とは何かを模索するようになった。まさに人数を揃えるというルール制定としての合意と，人間のあり方を探究する認識の高まりが，継続した対話によって生じているのである。

時系列から見ると，ルールの制定という合意を目指す対話から，よりよく生きるための在り方を探究する認識の高まりを目指す対話へと移っているように見える。おそらくその理由の一つとして，第二節の最後に述べたように，対話の継続的な取り組みそのものによってお互いの信頼が増し，より信頼の増した対話が行われるようになったことが考えられよう。そこで次節において，対話によってもたらされるもう一つの側面，存在の相互承認と自己肯定感について考えていく。

4 存在の相互承認と自己肯定感

（1）存在の相互承認

マルティン・ブーバーは，〈われ－なんじ〉と〈われ－それ〉という対応語（根源語）の二重性に基づいて世界は２つになるとした（ブーバー 1979)。〈われ－なんじ〉において語られる世界は，分断することのできない全存在・全人格的な呼応関係であり，〈われ－それ〉において語られる世界は，分断化され孤立した「モノ」として対象を捉えることであり，目的－手段関係で語られる世界である。この二重の関係性は対立するものではなく相互補完的に捉えられなければならないが（吉田 2007)，とりわけ本項で意味をもつのが，〈われ－なんじ〉において他者を全存在として認識する姿である。

このような実存的存在を抜きにした対話，すなわち単なるコミュニケーションの手段としての対話，話し合いや議論と同定されるような対話は，対話の外に目的（たとえば合意を形成することなど）を置いているので，他者を〈それ〉として見ることにつながる。ブーバーにいわせれば，それは対話ではなく，相手を説得するために互いの自己主張を繰り返す「独話」（モノローグ）になる。

先に積極的傾聴とは，共感的態度であり無条件受容であると述べたが，この態度は，他者を他者としてそのまま認識することであり，全存在を認めることである。積極的傾聴がもたらすものは，私があなたの全存在を認識し，それによってあなたが私の全存在を認めていくという，自他の存在を認める「存在の相互承認」*なのである。

また松下良平は〈呼びかけ－応える関係〉という用語を用いて自己と他者の関係を説明している（松下 2011）。「呼びかける者が相手の存在に気を遣い，心を砕くとき，相手もまたその思いを受け入れ，何らかの形で応えてくれる」という〈呼びかけ－応える関係〉は，能動的な認知操作というよりも努めて受動的な共感の態度に支えられており，それによって自己の生を肯定し，その思いを基盤として他者の生を肯定することができるのである。

*たとえば苫野（2011）は，ヘーゲルを参照しながら「自由の相互承認」（互いに自由な存在であることを認め合い，その理念のもと社会を形成すること）を原理とした教育理論を展開している。本稿の「存在の相互承認」は，相手をあるがまま受け止めるという意味で用いているが，その内実については苫野を参考にしながら，さらなる検討が必要であろう。

（2）対話によって育つ自己肯定感

他者の存在そのものを受け入れること，他者によって受け入れられた自己の存在，この両者の不可分な関わり合いのなかで，わたしたちはありのままの自己を受け入れる契機を手に入れる。分割することができないあるがままの自己の全存在を受け入れていくことが「自己肯定感」であるが，高垣忠一郎は，自己肯定感を「自分が自分であっても脅かされることがない。安心して自分のままでいられる。自分が自分であることを受け入れ，許されているという感覚」（高垣 1999：89）と説明する。自分のよいところも，受け入れがたいところも含めて，すなわち善悪の判断を超えて「自分が自分であって大丈夫」と認めることが自己肯定感なのである。本章ではこれを「深い自己肯定感」と呼ぶ。

表面的な自己肯定感は，自分のよいところに注目し，そのよいところを認める形で自己を肯定していく（量的な尺度で測られる自尊感情も表面的な自己肯定感と同意である）。あるいは，構成的グループエンカウンターなどで用いられるリフレーミング（「すぐにかっとなる」という自分の性格を「情熱的」という肯定的な言葉で置き換える）も，あくまで「よさ」という点に着目して自己を捉えようとしている点では同じ部類に入る。これらは自己を分割し，その

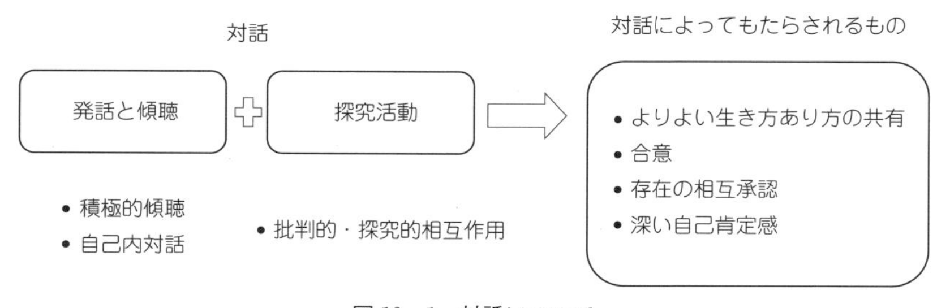

図10－1　対話について

なかのある部分を社会の価値基準に照らし合わせて「よい」（長所），あるいは「悪い」（短所）と結びつけており，ブーバーの言葉を借りれば，〈われ－それ〉関係において自己を捉えているといえる。自己効力感や自己有能感なども自己のある部分に焦点を当てた自己評価の一つなので，〈われ－それ〉関係で自己を捉えていることになるといえる。

一方，深い自己肯定感は，自己の存在を真に受け止めているために（つまり何者にも自己の存在を脅かされないので），あらゆる世界へと自己を開示することが可能になり，多様な世界との関係性においてよりよき自己の成長を実現していくことが可能になる。

以上見てきたように，存在の相互承認をもたらす対話は，同時に深い自己肯定感を生みだす。発話と傾聴によって探究活動に入っていく対話は，対話がなされる関係者によりよい生き方やあり方を共有し，場合によっては合意を形成する。さらに積極的傾聴に基づいた対話は，分割できない全存在としての自己と他者に存在の相互承認をもたらし，同時に自己肯定感を深めていくのである（図10－1参照）。

5　道徳教育において目指される対話

新学習指導要領（2015年）では，道徳教育の目標は，「自己の生き方を考え，主体的な判断の下に行動し，自立した一人の人間として他者とともによりよく生きていくための基盤となる道徳性を養う」ことにあると示されている。また次期学習指導要領改訂に向けた「教育課程企画特別部会」の論点整理では，道徳教育で育成すべき資質・能力として「どのように社会・世界と関わり，よりよい人生を送るか」（文部科学省 2015c：11）とされている。このように，道徳教育は「よりよい生き方を協働で探究する」という方向性へとシフトしてきており，対話による道徳教育は今後大きな位置を占めてくることが予想される。

しかしながら，本文中にも述べたように，対話が単なる話し合いや議論と同じ意味で用いられると，対話によってもたらされる存在の相互承認や自己肯定感を子どもたちが得ることはないだろう。そこにあるのは，よりよい未来へ向かって協働する他者ではなく，説得の対象としての他者である。

また本章において対話の結果としてルールが設定される事例を示したが，ここでいうルールとは，批判的探究活動の結果として現れてきたルールであり，既存のルール（規則）ではないことに留意すべきである。既存のルール（規則）を順守することは，もちろんわたしたちが生きることとつながってはいるものの，単に「ルールは守るべきだ」ということを教えていくだけであれば，ルール（規則）は与えられるものである，ルール（規則）化されていないことはやってもいいというような，探究活動とは程遠い「思考の停止」を招く可能性がある。すなわち，道徳教育はルール（規則）の順守を目指したり，合意形成によるルールづくりを目的とするのではなく，より広い視点から自分と周りの環境を批判的・探究的に捉える活動（自己内対話を含む対話活動）を通じて，新たな認識の地平に立つことを目指すべきである。

最後に，対話には問題が内包されていることをわたしたちは自覚しなければならない。社会的構成主義の立場からガーゲンは，わたしたちが誰かと同意を生みだそうとし，そこに連帯意識や共同体が形成されることによって，逆にその共同体に属さない他者が存在することになり，望ましくない分類，つまり対立が生じてしまうことになると述べる（ガーゲン 2004：221）。つまり，協働的探究に自己と他者が入っていった瞬間に，それ以外の人々との間に「壁」が生じるという問題である。

対話による協働が対立を生み出す，あたかも「生を受けるということは同時に死に向かうこと」という命題と非常に似ているが，この逆説的な事態をわたしたちは謙虚に受け止めなければならない。それを自覚することが，より開かれた対話を可能にしていく唯一の道であろう。

参考文献

荒木寿友（2013）『学校における対話とコミュニティの形成――L. コールバーグのジャスト・コミュニティ実践』三省堂。

荒木紀幸（1988）『道徳教育はこうすればおもしろい』北大路書房。

荒木紀幸（1997）『続道徳教育はこうすればおもしろい』北大路書房。

伊藤啓一（1991）『統合的道徳教育の創造』明治図書出版。

ガーゲン，東村知子訳（2004）『あなたへの社会構成主義』ナカニシヤ出版。

カヘン，ヒューマンバリュー訳（2008）『手ごわい問題は，対話で解決する――アパルトヘイトを解決に導いたファシリテーターの物語』ヒューマンバリュー。

コールバーグ（1985）「第六段階と最高道徳」岩佐信道訳（1987）『道徳性の発達と道徳教育――コールバーグ理論の展開と実践』広池学園出版部。

高垣忠一郎（1999）「『自己肯定感』を育む――その意味と意義」八木英二・梅田修編『いま人権教育を問う』大月書店。

中央教育審議会答申「道徳に係る教育課程の改善等について」2014年10月。

ヒギンズ（1987）「アメリカの道徳教育――ジャスト・コミュニティのアプローチに焦点を当てて」コールバーグ（1987）所収。

廣松渉・子安宣邦・三島憲一・宮本久雄・佐々木力・野家啓一・末木文美士編著（1998）『岩波哲学思想事典』岩波書店。

ブーバー，植田重雄訳（1979）『我と汝・対話』岩波書店。

フレイレ，里見実・楠原彰・桧垣良子訳（1982）『伝達か対話か：関係性の教育学』亜紀書房。

フロム，佐野哲郎訳（1977）『生きるということ』紀伊國屋書店。

ベラー・マドセン・ティプトン・サリヴァン・スウィドラー，島薗進・中村圭志訳（1991）『心の習慣』みすず書房。

松下良平（2011）『道徳教育はホントに道徳的か？――「生きづらさ」の背景を探る』日本図書センター。

文部科学省（2015a）『一部改正学習指導要領特別の教科道徳編』

文部科学省（2015b）『中学校学習指導要領解説　特別の教科道徳編』

文部科学省（2015c）『教育課程企画特別部会　論点整理』

ロジャース，畠瀬直子監訳（1984）『人間尊重の心理学――わが人生と思想を語る』創元社。

吉田敦彦（2007）『ブーバー対話論とホリスティック教育――他者・呼びかけ・応答』勁草書房。

Althof, W., Berkowitz, M. W. (2006) "Moral Education and Character education : Their Relationship and Roles in Citizenship Education," *Journal of Moral Education,* 35 (4) : 495-518.

Kohlberg, L. (1983) "Foreword," Reimer, J. et al. (1983).

Mosher, R. L. (ed.) (1980) *Moral Education : A First Generation of Research and Development,* Praeger Publishers.

Power, F. C., Higgins, A. & Kohlberg, L. (1989) *Lawrence Kohlberg's Approach to Moral Education,* Columbia University Press.

Reimer, J., Paolitto, D. P. & Hersh, P. H. (1983) *Promoting Moral Growth : From Piaget to Kohlberg* (2nd ed.), Longman.（ライマー・パトリオット・ハーシュ，荒木紀幸監訳（2004）『道徳性を発達させる授業のコツ――ピアジェとコールバーグの到達点』北大路書房。）

Oser, F. K. (2014) "Toward a theory of the Just Community approach : Effects of Collective Moral, Civic, and Social Education," Nucci, L. P., Narvaez, D., Krettenauer, T. (eds.) *Handbook of Moral and Character Education* (2nd ed.), Routledge, 198-222.

苫野一徳（2011）『どのような教育が「よい」教育か』講談社。

（荒木寿友）

第11章

道徳教育とシティズンシップ教育

シティズンシップ教育（市民性教育）はもともとイギリス発祥の試みであり，子どもたちの社会性・道徳性を育むカリキュラムとして，日本でも大きな注目を集めている。シティズンシップ教育では，政治教育をはじめとする「将来の市民」に向けた準備教育とともに，児童・生徒を「現在の市民」と認めたうえで，市民社会を生きるための知識・スキル・徳性などの涵養も求められている。本章では，東京都品川区における「市民科」の導入・実践と名古屋市の私立金城学院中学校高等学校における情報学習の試みを紹介している。いずれの実践も児童・生徒が主体的に自己と他者，集団・社会，国家，グローバルとの関係を自らの問題・課題として捉え，主体的に考えるきっかけになっている。終節では，参加型のアクティブなシティズンシップ教育に向けた道徳教育の実践上の課題について提起していきたい。

1 複雑化する社会の道徳教育・シティズンシップ教育

わたしたち人間がスムーズに日常生活や社会生活を営むことができるのはなぜなのだろうか。

そもそも動物としてのヒトはその社会において長期にわたる教育を受け，場と状況に応じた望ましい規範や道徳を知り，それに従えば複雑な場面でも適切に行動することができるようになる。

かつての社会やコミュニティには，絶対的な規範や習慣・道徳が存在していた。それに反抗・抵抗すれば，国家，所属する集団やコミュニティ，あるいは大人（親や教師）であることを盾に，権威をもって従わせることもできた。そうやって，多少の変化を伴いながらも，わたしたちの社会は世代を超えて再生産されてきた。

ところが，現代（日本）社会はそれほど単純ではないし，規範や行動様式も必ずしも万人にとって一致するものではなくなっている。かつては「望ましい」と考えられてきた絶対的な価値や道徳が今では必ずしもそうではなくなっている。

複雑化する現代社会のなかで，わたしたちはどのように生きるのが望ましいのだろうか。よりよく生きるために，個人が他者や集団・コミュニティのなかでよく生きるにはどうしたらよいのか，そしてその社会を実現するにはどうしたらよいのだろうか。また，子どもたちひとり一人が他者とともに社会のなかで生きていくための価値や道徳を学ぶにはどうしたら可能になるだろうか，さらには教師になる者として，どのようにその学びを導いていけばよいのだろうか。

複雑化する社会において，能動的な市民を育む教育のあり方として高い注目・関心を集めているのが「シティズンシップ教育」（市民性教育）である。そもそもシティズンシップ教育とはどのような経緯で誕生したのか。その発祥の地・イギリスの例から見ていこう。

2　イギリスにおけるシティズンシップ教育

2002年からイギリス（イングランド）では，中等教育段階でシティズンシップ教育が必修として導入され，すべての生徒が学習している。初等教育段階では必修ではないものの，すでに多くの児童が学んでいる。

シティズンシップ教育が2000年前後に導入された経緯や背景には，90年代にイギリスが経験した社会変動と，社会内部の大きな分断があった。

まず，1993年の欧州連合の発足，いわゆるEU統合に伴い，国境の壁が取り払われた。これはEU圏内における移動の自由を認める一方，圏内の移民の増大により人種・民族・宗教などの国家や社会の多文化化に伴い，新たな問題や課題に直面することになった。

イギリス国内でも，増大する移民は言語や学歴の点で，不利な立場に置かれ，不平等や格差・貧困問題の一因になった。移民に限らず，社会から排除・差別の対象となった者の犯罪や問題行動が社会不安を増幅させた。それはまた国民の統合を旨とし，公教育（学校教育）を普及させてきた国民国家そのものの危機でもあった。

折しも若者のモラルの低下，政治への無関心，社会に対する無力感が蔓延し，社会の分断や民主主義の危機が表面化していると言われるなか，1997年に誕生したブレア政権は教育改革を最優先課題にし，バーナード・クリックを座長にシティズンシップ教育に関する諮問委員会を組織した。

クリックは1998年に発表した政策文書（クリック・レポート）のなかで「社会的・道徳的責任」「共同体への参加」「政治的リテラシー」の３点の育成を通じて「アクティブな（能動的な・積極的な）市民」の育成を提唱した（クリック 2011)。さらに，2007年の「アジェグボ・リポート」では，第４の柱として「アイデンティティと多様性：英国でともに暮らすこと」が追加された。直接の背景には，2005年７月のロンドンの地下鉄で移民２世の青年による自爆テロ事件が発生し，人的・物的な被害とともに，政治的・社会的な混乱と社会不安が増大したことにあった。それを受けて，リポートでは「イギリス人」の多様性を認めつつ，社会的少数者（マイノリティ）を，差別や排除（Social Exclusion）の対象ではなく，社会的包摂（Social Inclusion）や統合が教育目標として提起された。

つまり，多様化・複雑化するイギリス社会において，各個人が社会から排除されずに包摂され，さらに国家を含めた社会や集団に対して積極的・能動的に関与できる市民をどう養成するか。この問題を主体的・実践的に考えるために，シティズンシップ教育が企図・導入されることになったのである（北山 2014)。

3 日本のシティズンシップ教育の実践

日本でも，2000年代以降，イギリスの取り組みを受けて，社会科，道徳，総合的な学習の時間などと連携しつつ，シティズンシップ教育（市民性教育）の実践が試みられるようになった。

日本におけるシティズンシップ教育の導入には以下の社会的背景があった。

第一に，グローバル化や「自己責任」を強調する新自由主義的政策の導入により，不平等や格差が拡大し，それに伴う犯罪などの社会的リスクが増大した。とりわけ日本ではフリーターやニートなどの若年層の失業問題，貧困や暴力（DV や虐待など）が社会的排除の問題として明らかになり，排除された人々の社会的包摂が政治または教育上の最重要課題になった。

第二に，選挙における若者の低投票率が彼らの政治的無関心と関連づけて問題にされたことが挙げられよう。2014年12月14日に実施された第47回衆議院議員選挙の世代別投票率は50代（60.1%）や60代（68.3%）と比較して，20代（32.6%）や30代（42.1%）であり，若年層の投票率は他の世代と比較して明らかに低い。選挙における投票は政治を通じて，よりよい社会をつくるための民主的な方法・手段である。若年層もまた市民社会を構成する一員である以上，低投票率は現在または将来の社会形成にとって由々しき問題に映る。

第三の背景には，子どもの問題行動を背景とした道徳教育の強化があった。凶悪犯罪やいじめ（自殺）問題が発生し，いずれについても子どもたちの自己中心的な性向による道徳の低下に原因が求められた。そこで子どもたちの道徳力を向上させ，問題行動の解決・改善を図るために，道徳教育に関連する国家政策が相次いで提案・導入されることになった。

2002年には道徳の補助教材である文部科学省『心のノート』と，それを全面的に改め2014年度から文部科学省『私（わたし）たちの道徳』の配布，2006年の教育基本法の改正に見られる「愛国心」の重視など国家主義的教育，2014年にはそれまで教科外領域であった道徳の教科化や道徳教育推進教師の配置などが提言されている。小学校では2018年度，中学校では2019年度より特別の教科道徳が実施されるようになった。

この過程で，国の教育改革・政策に対する賛否両派，すなわち政府・文部科学省寄りの勢力のみならず，それに抵抗する勢力もともに，シティズンシップ教育に注目と関心を寄せるようになった。

また，シティズンシップ教育は多様な教科・内容・領域と関わりをもちながら，導入・実践されようとしている。日本シティズンシップ教育フォーラム

(2015) によれば，日本のシティズンシップ教育は多文化教育，人権教育，開発教育，ESD（持続可能な開発のための教育），防災教育，ボランティア学習，消費者市民教育，法教育，模擬選挙，マニフェスト学習，キャリア教育などが紹介されており，社会科，算数科・数学科，家庭科，総合的な学習の時間，特別活動など広範な教科や教科外活動との連携または協同のもとで実践されているという。

4 道徳教育としてのシティズンシップ教育の枠組み

道徳教育としてのシティズンシップ教育では何が目標とされるのだろうか。以下ではその理解のための枠組みとして，重視される道徳が個人志向か他者・社会志向なのかという軸と，時間軸からみた市民像（「現在の市民」か「将来の市民」なのか）にわけて，それぞれを見ていきたい。

（1）自己／他者／社会・コミュニティ

ヒトは生まれてから長期にわたる他者の養育や保護を必要とする。誕生するとすぐに，おもに家族による養育が開始される。ヒトは人間として成長すると，行動範囲が広がり，家族以外の，たとえば地域社会における「他者」との出会いや関わりをもつことになる。現代の日本では幼稚園・保育所あるいは学校に通い，集団やコミュニティに所属するようになると，教師や友人などの多様な他者と出会い，適切な関わり方が求められる。各人が帰属する社会やコミュニティは職場や地域社会，国家からグローバル社会へと同心円的に拡大していく。

他者との関わりまたは他者の集まる場であるコミュニティや社会集団においては，自己（個人）と他者・集団・社会との関係のあり方が重要になり，自らの社会上・道徳上の役割や責任を自覚しながら，他者と適切に関わる態度や姿勢が求められる。それはシティズンシップ教育においても主要な課題である。

（2）過去／現在／未来・将来

シティズンシップ教育が目指す「市民」(citizen) とは誰を指すのだろうか。

そのひとつには，将来の「よい社会」の創造に向けて，子どもを「将来の市民」とみなし，そのための準備教育として期待されている側面がある。この目標を強調すれば，政治や社会における公的な意思決定に能動的に参加し，政治的リテラシーを学ぶための模擬選挙や時事問題の討論などの政治教育が重視される傾向にある。

その反面，「将来の市民」としての教育のみならず，「現在の市民」である児童・生徒たちもまた市民社会を担う一員であり，彼らに対するシティズンシップ教育が求められている。とりわけ昨今は，社会的リスクの増大に伴い，子どもたちもまたそれに巻き込まれてしまう危険性が増大している。その一例がインターネットまたは携帯電話，スマートフォン（以下ケータイ，スマホ）などの情報機器の不適切な利用による諸問題であろう。

社会の多様化や複雑化に伴って，「現在の市民」もまた自らのlife（生き方，人生，生活）そのものを問いなおし，よりよい社会を主体的に創造する一員になるための学びが求められている。そのひとつがシティズンシップ教育であるといってよい。そして「市民」を過去から現在そして将来に至る歴史的に連続的な存在であると捉えるならば，シティズンシップ教育もまた同じように，過去から現在を経由した未来志向の実践なのである。

5 道徳教育としてのシティズンシップ教育の実践例

日本におけるシティズンシップ教育の実践例として，以下２つを紹介しよう。ひとつは教育行政主導で導入・実践されている東京都品川区における「市民科」，もうひとつは愛知県名古屋市の金城学院中学校高等学校（女子校）におけるインターネットやケータイ，スマホ問題に対する情報学習の試みである。こちらは生徒自身が主体的に問題や課題に取り組んでいる事例である。

（1）東京都品川区の「市民科」

東京都品川区では2000年前後より，全国に先駆けて学校選択制や小中一貫教育の導入をはじめ，さまざまな義務教育改革に取り組んできた。同区は制度にとどまらず，カリキュラムの改革にも区独自で弾力的に取り組んできた。

そのひとつが「市民科」の開発・導入・実践であった。

市民科とは市民科学習，児童会・生徒会活動，クラブ活動（小学校のみ），学校行事の４領域で構成される「教科」である。後の３領域は教科外領域の特別活動と共通しており，市民科は教科外領域としての道徳と特別活動，そして学習方法として体験学習や自ら調べ考える「総合的な学習の時間」の要素を取り入れた合科的な教科として，総合的な人間形成を目指した内容になっている。

市民科はそのねらいを「自らの在り方や生き方を自覚し，生きる道筋を見つける～人生観の構築～」にあるとして，さらに５つの「ねらい」は，⑴個の自立，⑵他者との関わり，⑶集団や社会との関わり，⑷自己を生かし高める意欲，⑸将来に対する意志，に細分される。このねらいに対応して，教師が指導に留意し，身につけさせるべき５領域として「自己管理領域」「人間関係形成領域」「自治的活動領域」「文化創造領域」「将来設計領域」があり，各領域の下位にはそれぞれ３つの能力が設定され，５領域×３能力の計15能力が挙げられている。また，品川区の小中一貫教育の利を活かし，義務教育段階の９学年を１・２学年，３・４学年，５・６・７学年，８・９学年の四段階にわけ，１・２学年「基本的生活習慣と規範意識」，３・４学年「よりよい生活への態度育成」，５～７学年「社会的行動力の基礎」，８・９学年「市民意識の醸成と将来の生き方」が目標として設定され，教科書も各学年の目標や5領域15能力に対応している。

これら市民科で目指す５領域を先の「個人／他者／社会・コミュニティ」の軸と時間軸としての「過去・歴史／現在／将来」とに分類すると，図11－1のようにバランスよく配置されていることがわかる。

「市民科」では何よりも自己や個の確立が強調されており，「自己管理」が１年次生から重視されている。それは他者との関係や集団のなかでの自己や個の確立を目指している。「自治的活動」は学年の経過とともに，他者（生物・動物を含む）や学級，地域社会（品川区），日本，世界へと広がり，正義や法の重視が謳われている。「文化創造」では，歴史遺産や日本の伝統・文化を踏まえた内容で，一部は教育基本法の改正を踏まえた国家主義的な内容を含んで

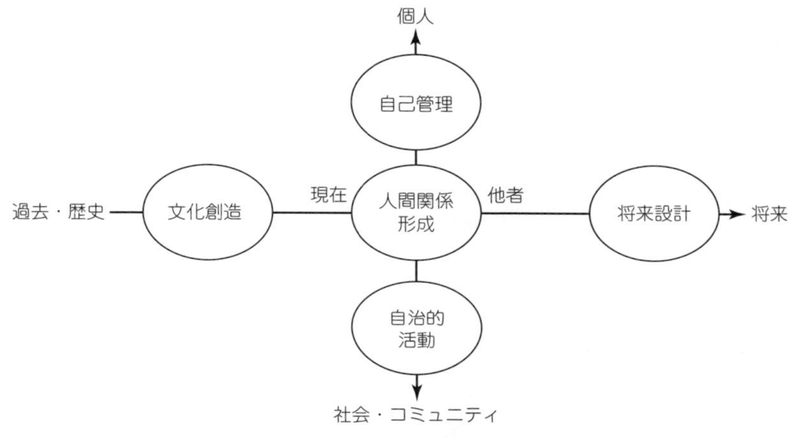

図11－1　品川区・市民科の5領域

いる。「人間関係形成」では他者とのコミュニケーションが重視されている。

道徳教育の関心から市民科をみると，従来の読み物偏重であった道徳の授業ではなく，市民科の学習・指導過程は，①課題発見・把握→②正しい知識・認識／価値／道徳的心情→③スキルトレーニング／体験活動→④日常実践／活用→⑤まとめ／評価の5つのステップで体系づけられ，これを「ユニット学習」と呼んでいる。

また，学んだ内容は学校のみならず学校外の広義の社会のなかで活用できることが最終目標とされ，そのために実体験を通じて学習できる仕組みを整えている。たとえば，「将来設計」の経済体験学習の場として，一部の学校には「スチューデント・シティ」が設けられ，児童・生徒が販売・運営・購買などの実際の経済・金融の基礎を学ぶことができ，将来の進路設計・進路選択の一助にもなっている。

（2）金城学院中学校高等学校における情報学習

日本におけるシティズンシップ教育の実施状況を見ていくと，とりわけ高校段階では「政治教育」が高い関心を集めている。若年層の低投票率の問題のみならず，2015年6月には公職選挙法が改正され，18歳にも選挙権が与えられるようになった。それは若者の政治参加が重要な社会的課題になり，そのための社会的・政治的資質の涵養が政治教育において求められるようになったことを意味する。政治教育の関心からいえば，時事問題の討論や模擬投票など，政治参加の促進を目的とした実践がしばしば注目を集めている（模擬投票の試みについては杉浦（2008）などを参照）。

しかし，先に述べたように，児童や生徒もまた，〈いま・ここ〉にいる「現在の市民」として，社会や集団，または他者との適切な関係のあり方を考える学習機会が求められている。

そのひとつのテーマや課題が子どもたちのインターネット，ケータイ・スマホの不適切な使用をめぐる問題であろう。情報テクノロジーが日進月歩ともいうべき進化を遂げている一方，それらがいじめに利用されたり，最悪の場合には人を殺めるきっかけになったり，犯罪に巻き込まれるリスクになることもある。また，文字を主体とするコミュニケーションゆえに，時に感情的になることで誤解や諍いが生じ，適切な関係のあり方そのものの構築が困難になっている。子どもたちはその便利な機能を弄ぶ反面，それに弄ばれている逆説を垣間見ることができる。

この種の問題の解決は決して容易ではないが，インターネット，ケータイ・スマホについての情報教育や学習もまた「現在の市民」である児童・生徒たちに対する道徳教育やシティズンシップ教育として見ることもできる。

多くの学校や教師は，問題の対応として，「インターネットやスマホを使って他人の悪口を書いてはいけません」と児童や生徒を指導していることだろう。また，文部科学省による道徳の副読本『私たちの道徳』にも，小学校３・４年生用の教材からインターネットやケータイ・スマホなどの情報モラルやリスクに関する内容が見られる。同書５・６年生版には「相手の気持ちを考えましょう。相手を傷つけることはしてはいけません」（187頁）など，情報機器の利点とともに，適切な使用方法について考える単元が設けられるようになった。

教師の指導も副読本の人間関係や内容もいずれも正しい道徳的内容である。しかし，問題や課題を十分に自覚・理解しているかどうかは，児童や生徒の行動にかかっている。教師の意に反して，スマホがいじめに利用できることや指導内容がうわべだけの綺麗事に過ぎないことに気付いてしまえば，なかには興味半分で問題行動に関わる児童・生徒が現れても不思議ではない。

それに対して，金城学院中学校高等学校では，校内のネットいじめ問題をきっかけに，2007年に「反ネットいじめ研究会」が立ち上がり，以来，インターネットやケータイ・スマホなどの適切な利用について，生徒自身が主体的に考え，問題解決に取り組む試みを自主的活動として行ってきた。それは必ずしも「道徳教育としてのシティズンシップ教育」を謳っているわけではないが，「現在の市民」である生徒たちが能動的に自らの問題として受け止め，主体的に理解しようとし，他者や社会との適切な関係のあり方を模索する実践的な学習になっている。

同校では，インターネットやケータイ・スマホの適切な利用について考えるために，有志の生徒たちが自ら進んで学び調べ，その内容をハンドブックの発刊や啓発活動を通じて発表している。『高校生によるケータイ・スマホハンドブック』は毎年度更新され，全校生徒に配布される以外にも，『中高生のためのケータイ・スマホハンドブック』が2013年に学事出版より市販されている。

このハンドブックの特性は，何よりも，適切な使い方やモラルを一方的に示すのではなく，インターネットやケータイ・スマホの実態，リスクや依存症からの身の守り方，災害とスマホなど，あらゆるテーマについて，生徒自身が目的意識をもって調べ，十分に理解，納得した上で，自らの言葉で説明しようとしているところにあるだろう。その内容は友人に対して語りかける女子高生の様子を想起させる。そして，それは一市民である生徒たち自らが社会のなかで他者と適切な関係を築き，ともによく生き，つながりながら，社会の諸リスクから身を護るための処方箋にもなっている（今津・金城学院中学校高等学校 2013）。

さらに，それは情報学習以外の「社会的・道徳的責任」「共同体への参加」を習得するうえでも極めて有効かつ実践的な学習になっている。個々の生徒たちはメディア・リテラシーを学ぶだけではなく，メディアを利用する自己や社会を対象化し，客観的に解釈する批判的思考力（クリティカル・シンキング）につながっていることにも現れている。それは〈自ら考える〉きっかけを通じて，適切な利用と他者・集団との関係を考える一助になっている。

生徒たちの研究会やハンドブック作成のコーディネートに当たっている宮之原弘教諭によれば，教師から生徒に対する一方的な指導は決して行わないという。その自主的な取り組みから生まれたハンドブックの発刊や配布，学園祭や保護者会などでの発表を通じて，全校の生徒や親とともに，ネット・スマホいじめや依存症問題の改善に向けた啓発活動を行っている。そしてその効果が十分であったのか，同校におけるインターネットやケータイ・スマホに関わるトラブルは激減したという（宮之原 2015）。

道徳の要素を盛り込んだシティズンシップ教育には，教師から児童・生徒に対する一方的な徳目の伝達にはとどまらない。児童・生徒自らが主体的に調べ考えるための多様な方法や仕掛けが随所に見られ，自ら取り組む学びの効果や他者への影響は計り知れないほど大きいことがわかる。

6 道徳教育としてのシティズンシップ教育の課題

旧来の道徳教育はともすれば，教師から一方的な徳目の伝達が多かった。しかし，品川区の市民科や金城学院中学校高等学校の実践では，他者との関わりから，自ら調べ考え，表現し，それまでの自分自身の学習過程を振り返ることで，新たに自己を刷新する一連のプロセスが体系的に想定されている。また，模擬投票や政策討論など，ワークショップやロールプレイなどの参加型学習（アクティブ・ラーニング）が採用されることも多い。

しかし，道徳教育あるいは政治教育としてのシティズンシップ教育の実践に課題がないわけではない。それを３点述べて本章を閉じよう。

第一に，シティズンシップ教育の目標や方法は確かに理想的ではあるけれども，この理想を実現するには存外に難しいという点を自覚する必要があろう。模擬選挙や政治的・道徳的に論争的なテーマを討議することになれば，表層的な直感や感情論ではなく，政治，社会，道徳の問題やその背景についての深い理解と洞察が求められる。図書，新聞，インターネットなど各種メディアを情報源として活用し，それを正確に分析・理解し，自らの立場や意見を表明するプロセスを考えれば，政治的リテラシー以前に，基本的な読み書き計算（3R's）

などの基礎学力，すなわち基本的な知的リテラシーが求められる。こうした能力が児童・生徒に十分ではないと，シティズンシップ教育は「砂上の楼閣」になりかねない。

第二に，現行の教育課程のなかで，道徳教育の課題を達成するためには，児童・生徒たちの意欲や基礎学力とともに，彼らの学びを支援する教師の力量も問われている。限られた時限のなかで，児童・生徒の主体的な学びや意欲を支援し，多様な意見や考え方に注目・傾聴しながら，授業を進めてくことは必ずしも容易なことではない。ときには単元のねらいに到達しないこともあるかもしれない。しかし，そうかといって教師による一方的な価値観や政治的な立場の押しつけになってしまうとすれば，それはシティズンシップ教育が志向する目的や方法とは相反してしまう。そうならないためにも，対象やテーマが児童や生徒各人にとって「わたし（たち）の問題」として自覚されなければならない。教師自身も児童・生徒たちと同様に，常に学び手の立場に立ち，テーマに対する十分な知識や理解とともに，自らの立ち位置を見定めておく必要があるのではないだろうか。

第三に，シティズンシップ教育の可能性とともに，その限界もあわせて認識しておく必要がある。本章で論じたように，シティズンシップ教育は児童・生徒の関心を個から集団や社会へ，そして時間軸を過去・歴史から現在を経由しながら，将来の社会形成に向けた能動的な市民の育成を志向する実践である。授業において討論や模擬投票などの参加型学習を取り入れることによって，生徒自らが政治または社会の諸問題に対して主体的に知識・理解・関心を高める契機になることもあるだろう。しかし，ある調査研究（小林 2008）によれば，日本の低投票率は政治に関する知識や関心が不十分だからではなく，政治的有効性感覚の低さに起因している。つまり，政治に参加する意義が市民一人ひとりにとって明らかではないのである。その背景には，選挙制度や政治不信といった現実の政治に重大な問題や課題があり，これらが改善・解決されない限りは，実際の市民の政治的な行動や参加の意欲を高めることにはならないだろう。道徳教育もこれと同じように，道徳律をどれだけ知っていても，一人ひとりの市民が他者との関係または所属する社会のなかで適切かつ能動的に行動する意味や意義を見出し，行動できなければ，ただ道徳律を「知っている」だけになってしまう。

以上はシティズンシップ教育そのものを否定しているわけではなく，よりよい実践に向けた展望を開くためのヒントであることはいうまでもない。

社会の不確実性が高まるなか，これからの社会を担う子どもや若者の市民として主体的な社会参加は否応なく求められるようになるだろう。そのためのきっかけとして，今後，道徳教育においてシティズンシップ教育の要素が取り入れられていく機会は多くなるだろうし，実践者としてその動向に絶えず注目しておく必要があるだろう。

参考文献

今津孝次郎・金城学院中学校高等学校（2013）『先生・保護者のためのケータイ・スマホ・ネット教育のすすめ――「賢い管理者」となるために』学事出版。

北山夕華（2014）『英国のシティズンシップ教育――社会的包摂の試み』早稲田大学出版部。

クリック，関口正司監訳（2011）『シティズンシップ教育論――政治哲学と市民』法政大学出版局。

小林良彰（2008）『制度改革以降の日本型民主主義――選挙行動における連続と変化』木鐸社。

品川区教育委員会（2011）『小中一貫教育市民科セット 2011年度版』教育出版。

杉浦真理（2008）『主権者を育てる模擬投票――新しいシティズンシップ教育をめざして』きょういくネット（桐書房）。

日本シティズンシップ教育フォーラム編（2015）『シティズンシップ教育で創る学校の未来』東洋館出版社。

宮之原弘（2015）「高校生によるケータイ・スマホハンドブック制作の意義と効果」日本子ども社会学会公開シンポジウム「スマホ社会を生きる子どもたち」（2015年6月28日，於・愛知教育大学）。

（小針　誠）

第12章

道徳科の指導案作成１（小学校）

学習指導案とは，１時間ごとの学習指導計画書のことである。道徳科の授業の指導案の作成者は，原則として学級担任となる。

指導案を書く作業に力を入れると，確かに「自分」が見えてきて，授業のあらゆることがしっかりしてくる。

道徳学習指導案の形式には特に決まった基準はない。本章では，「価値の内面的自覚を図る道徳授業」の「細案」を紹介する。

その後，指導案作成にあたっての留意事項を以下の観点から説明する。

（１）【主題名】について
（２）【主題設定の理由（１）ねらいとする道徳的価値】について
（３）【主題設定の理由（２）児童の実態】について
（４）【主題設定の理由（３）資料】について
（５）【本時のねらい】について
（６）【発問】について
（７）【導入】について
（８）【展開後段】について
（９）【終末】について

1 指導案作成の意義

学習指導案とは，１時間ごとの学習指導計画書のことである。

道徳科の授業は，原則として学級担任があたることになっているから，道徳科の授業の指導案の作成者は学級担任となる（学級担任による道徳授業は，世界的に見るとレアケースである。しかし，これは世界に誇るべきシステムだといえる。小学校では，新任教師のほとんどは担任となる。必ず，道徳科学習指導案を書かなければならなくなる)。

1時間の道徳科の授業を行うにあたって，事前に計画を立てる必要のあることは，他の教科の指導と同様，誰もが認めるところであろう。計画なしの学習指導はありえない。よって，指導案の必要性は明白である。

頭のなかであれこれ考えているだけでは，指導意図や指導の流れが明確にならず，曖昧なものになってしまう。指導案を書くことによって，指導者は自らの「授業を行うにあたっての願い」や授業方法を見出し，明確にすることができ，授業に「芯」を与えることができる。

○指導案を書くということは，どう授業を行うか深く考えるということ。

○指導案を書くということは，自分の考えを整理すること。不確かなものを確かなものにしていくこと。順序の乱れていることには順序を与えていくということ。そして，書いていくなかで，その考え不足や未成熟の考えを成熟させていくということ。

○指導案を書くということは，「自分の行う授業」を客観化・可視化すること。自分の行いたい授業を，自分にも人にも見えるようにしていくこと。

指導案を書く作業に力を入れると，確かに「自分」が見えてきて，授業のあらゆることが凛としてくる。曖昧さは消えていく。

また，指導案を書き続けるなかで，教師としての授業力が確実に伸びてくる。単に授業力が培われるだけでなく，教師としての人間力も成長していくように思われる。

さて，道徳授業の指導案は学級担任が作成するものであるから，その内容は，指導する学級の児童の実態に即し，指導者の個性・特性を生かしながら作成されることになる。

ゆえに，同じ学校の同学年で共通の主題の道徳授業を行う場合でも，学級ごとに指導案の内容は異なったものになるはずである。いや，ならねばならない。

2 道徳科指導案

道徳科指導案の形式には特に決まった基準はない。

研究授業などのために用意される詳細な構成の「細案」や簡略化した「略案」等，さまざまな指導案が存在する。

ここでは，「価値の内面的自覚を図る道徳授業」の「細案」を紹介しよう（資料12－１）。

道徳学習指導案

○○市立○○小学校
指導者　　○○　○○

1　日時　　平成　年　月　日（　）　第　校時
2　場所　　第１学年　組　　名（男子　名　女子　名）
3　主題名　あたたかい心で，親切に　　２—（２）
　　資料名　「はしの　うえの　おおかみ」
　　　　　　（出典　文部科学省「わたしたちの道徳」）

4　主題設定の理由

（１）ねらいとする価値

内容項目２—（２）は，幼い人や高齢者など身近にいる人に温かい心で接し，親切にしようとする心情を育てることがねらいである。

相手を思いやることは，よりよい人間関係を築く上で不可欠である。まずは身近な人に広く目を向けさせていくことで，子どもたちが相手を思いやろうとする気持ちを養うきっかけになると考える。本資料は，子どもたちに，お互いを思いやり，親切にしていくことの大切さに気づかせる資料であり，将来の人間形成にも大きく影響する重要な内容である。

（２）児童の実態

本学級の児童は，明るく元気で活発な子が多い。授業中では，友だちが困っていると，手を差し伸べ手助けをしてあげる姿が多く見られる。また，休み時間には，転んでけがをして泣いている子に「だいじょうぶ？」と声をかけ寄り添うことのできる優しい子も多い。

本授業を通して，人に親切にしたり，されたりするとお互いに温かい気持ちになり，とても清々しい気持ちになることに気づかせ，友達との関わりをさらに深めていけるようにしたい。

（３）資料について

本資料は，一本橋の上で，主人公のおおかみがうさぎやきつねたちを相手におもしろがって意地悪をするところから始まっている。ところが，ある日，おおかみはくまと出会う。今度は自分が意地悪をされる番だと思って橋を渡ろうとするが，予想に反してくまは自分を抱き上げて先へ渡してくれた。弱い動物たちに意地悪をしていたおおかみは，くまに優しくしてもらうことによって自分の行動を反省し親切にするという内容である。

指導にあたって，資料を子どもたちにより把握させるために，ペープサートを用いて資料提示を行う。資料をただ読むのではなく，ペープサートを用いながら読み聞かせをすることで，子どもは資料の中に入り，視覚的に資料を把握することができると考える。

主発問「くまの後ろ姿をいつまでも見ていたおおかみは，どんなことを考えていたのだろう。」では，登場する動物の気持ちに目を向けさせるため，途中で役割演技を取り入れる。その際，登場する動物のお面をつけ，役になりきらせる。くまに親切にしてもらったおおかみの気持ちがどう変化したのかをとらえさせる。さらに，いじわるをしているときの気持ちと親切にしているときの気持ちを比較して，親切にしたときの方がよい気持ちになることも気づかせていきたい。終末では，今までの自分やこれからの自分とおおかみの心を比べて，自分を振り返るためにおおかみに手紙を書く活動を取り入れ，自分の考えを深めさせていく。

5　ねらい

身近にいる人に対して思いやりの気持ちをもち，優しく接しようとする心情を育てる。

6　学習の展開

過程	学　習　活　動	○指導上の留意点　★評価
導入	1．人に親切にされた経験を思い出す。	○人に親切にしてもらったときのことを思い出し，そのときの気持ちを考えさせる。
	2．「はしのうえのおおかみ」の話を聞く。	○資料を二つの場面に分け，前半の部分のみをペープサートをみせながら読み聞かせを行う。
	3．きつねやたぬきに「もどれ，もどれ」と言って通せんぼうするおおかみは，どんな気持ちだったかを考える。 ・楽しいな。もっともっとやりたい。 ・ぼくは，強いんだぞ。 ・この橋は自分のものだ。	○考えたことをペアで話し，意見を交換することで，全員が発言する機会を設ける。
	4．くまの後ろ姿をいつまでも見ていたお	○吹き出しに入る自分の考えを書かせる。

展 開	おかみの気持ちを考える。 ・意地悪されると思った。 ・くまさん，優しいな。 ・ぼくは意地悪だったな。 ・ぼくもこんどからこうすればいいんだな。 ・小さい子には，優しくしなきゃな。 5．後半の内容を聞いて，優しくなったおおかみは，どんなことを考えて，うさぎたちを渡してあげているのかを考える。 ・優しくするほうが，うれしいなあ。 ・これまで，ごめんね。	○ペアで見せ合い，発表させる。 ○役割演技を通して，いじわるを楽しんでいたおおかみの心の変容に気づかせる。親切にしてもらったときの気持ちよさを感じ取らせる。 ★優しくしてもらったおおかみの気持ちに共感することによって，思いやりの気持ちをもつことの大切さについて考えられたか。
終末	6．優しくなったおおかみに手紙を書く。	○今までの自分やこれからの自分とおおかみの心とを比べることができるようにする。 ○登場人物の行動と自分の体験とを結びつけて，わかったことや気づいたことをおおかみに向けて手紙を書かせる。

7　資料分析

資料の流れ	中心人物	補助人物	気付かせたい・価値
	おおかみ	きつね・たぬき・うさぎ・くま	
○一本橋でうさぎを追い返したおおかみは，この意地悪がおもしろくなり，他の動物たちにも意地悪をする。	・俺は強い動物なんだ。 ・自分より弱い動物が怖がるからいい気分だ。	・怖いおおかみ。 ・通らせてほしいな。	自分より弱い動物に意地悪をし，楽しむ。
○一本橋で，おおかみは自分より大きいくまに出会う。	・大きなくまだ。怖い。		
○戻ろうとするおおかみを，くまは抱き上げて	・どうされるのだろう。		自分の行動とは違うこと，優しくされると気持ちが

後ろにそっとおろす。おおかみはくまの姿をいつまでも見送る。	• 意地悪されると思った。 • くまさん，優しいな。 • ぼくは意地悪だったな。		よくなることに気付かせたい。
○おおかみは，一本橋の上で出会ったうさぎを抱き上げて橋を渡してあげる。	• ぼくもくまさんと同じことをしてみよう。 • なんだか前より気持ちがいいな。	• 親切なおおかみさんだな。優しくしてくれてありがとう。	思いやりの気持ちをもつことの大切さに気付かせる。

3 指導案作成の留意事項

(1)【主題名】について

道徳授業の主題とは，授業で何をねらいとするのか，その達成のためにどのように資料を活用するかのまとまりを示す。したがって主題は，ねらいとする道徳的価値とそれを達成するための資料によって構成される。

主題名は，ねらいとする道徳的価値と資料で構成した主題を端的に表すものである。

ゆえに，つぎのような従来多く見られた主題名は適当とはいえない。

○「信頼・友情」とか「正直・誠実」などのように簡略化した価値内容をそのままつけた主題名
○「泣いた赤おに」「はしの上のおおかみ」などの資料名をそのままつけた主題名

望ましい主題名の例は，以下のようなものである。

○「はたらくのはたのしいよ」小学校低学年４―（２）
（ケイくんのたくはいびん：学研１年）
○「すがすがしい気持ち」小学校高学年１―（４）
（手品師：文部省道徳の指導資料とその利用１）

(2)【主題設定の理由（1）ねらいとする道徳的価値】について

ねらいとする道徳的価値には，

「この価値は人間がよりよく生きていく上で，どんな意味や意義があるのだろうか。そして，この価値はどうしたら身につき実現するのだろうか」についての授業者の考えを書く。

学習指導要領や『解説』に記載されているそのままでは不十分である。学習指導要領や『解説』を踏まえて，自らの信じる「哲学」を書かねばならない。

（３）【主題設定の理由（２）児童の実態】について

児童の実態を把握するとは，児童を理解するということである。

その「理解」は，目に見える表面的な言動の理解にとどまるものではない。「人間とは何か」「児童とは何か」といった教師自身の深い人間洞察と児童への限りない愛情を伴うものでなければならない。肯定的で愛情ある「児童の実態」を述べなければならない。

さて，児童理解には極めて慎重で謙虚な態度が求められる。ところが，多くの指導案の「児童の実態」には問題を感じる。

およそ，それらは三段階によって構成されている。

その第一段階は「本学級の児童は……」と始まり，「明るく元気で男女仲がよく，……」などという一般的な学級のよさが述べられている。

第二段階になると，その冒頭に「しかし」とか「一方で」などの接続詞が用いられ，「ここが悪い，あそこが足りない……」と本時のねらいとする価値に照らして児童の欠点や短所が列挙されていく。

そして，第三段階では，その冒頭に「したがって」とか「そこで」という接続詞が用いられ，欠点改善・短所是正の方向からの指導が述べられていく。

道徳授業は，児童の欠点改善・短所是正の方向から行うものではない。

道徳授業は一人ひとりの児童に，人間として生きる夢や希望や勇気を育む授業である。「人間っていいなぁ。生きていくって素敵なことだなぁ」「あぁ，私もこの主人公みたいになりたいなぁ」と憧れを抱き，未来への夢や希望が湧いてくる授業，高い志を育む授業である。

子どもの短所を是正し，欠点を改善するために行うと，道徳授業が歪み，暗く，重く，冷たい授業となる。子どもは心を閉ざす。

道徳教育は，「問題」に追われるのではなく，「高み」を目指した教育であり，その核である道徳授業では，子どもたちは，自己を見つめ，自己と対話しながら，人間として生きることに喜びや希望を育んでいく。そんな授業にするための「児童の実態」を書かなければならない。

「児童の実態」を述べる時には，以下の２点に留意しなければならない。

① 児童の実態を，児童の「行動」と「内面」との両面から把握し，それら

を総合的に考察する。実態把握の方法には，調査法，検査法，作文・日記法，面接法，観察法，事例研究法などがあるが，多様な方法を駆使して総合的に実態を把握する。

② ねらいとする道徳的価値に照らして，児童の「今できているよさ」を具体的に述べる。そして，本時の主題に関わる児童の道徳性がより伸びて行くように書いていく。

「児童の実態」の書き方のよい例としては，以下のようなものがある。

> ○本学級は，週に２回クラス遊びをするなど，大勢で楽しく遊ぶことが好きな児童が多い。授業中のグループ学習や，運動会の団体競技などで，友達と協力することのよさや楽しさを味わってきている。また，クラスで泣いている子がいると，必ず誰かが「どうしたの？」「大丈夫？」と声をかけており，友達を大切にしようとする気持ちも育ってきている。
> 　そこで本授業では，自分を認め励ましてくれる友達のよさを実感するとともに，さらに友達を大切にし，助け合おうとする心情を育てたい。
> （第一学年　内容項目Ｂ「友情，信頼」の記述例　「二羽のことり」）

（４）【主題設定の理由（３）資料】について

資料は道徳授業の「命」である。道徳授業の成否を決定する第一の要因が資料である。教師は，自分自身の心に響き，心から惚れ込んだ資料を開発していく必要がある。

よい資料とは「ねらいにあっている」「わかりやすい」「興味・関心がもてる」「臨場感がある」資料のことである。高学年になると，これらに，「児童の実生活につながるもので，建前でない，本音で語れるもの」「教師の教え込み中心ではなく，思考と発表の内容に深まりが生まれるもの」等が加わる。

道徳授業は，教師が子どもの心に「種を蒔く」営みである。素晴らしい資料を子どもたちに出会わせていくことが，生き方の種を蒔くことになる。

よい資料は教師の「心」で探そう。「心」さえあれば，足が動き，手で探す。「待つ」という受け身の姿勢では，よい資料には出会えない。生活のあらゆる場面に，資料の素材となるものは転がっている。「心」さえあれば，教師の生活のすべてが，資料発掘タイムとなる。

指導案のこの箇所では，一般に資料のあらましだけを述べているものが多いが，それではあまり意味がない。ここには，ねらいとする道徳的価値に照らして，なぜこの資料を選択したのか，この資料のどこに焦点を当てて，それをどのように扱うのかについて，学習活動や板書などにもふれながら述べることが大切である。

教師が惚れ込んだ資料を使うから授業は熱を帯び，指導に迫力が出てくる。資料選択に妥協は許されない。徹底的にこだわりたい。

「主題設定の理由（３）資料について」のよい書き方例は，以下のようなものである。

主題名　かけがえのない命　内容Ｄ「生命の尊さ」
資料名　たったひとつのたからもの（学校図書）　小学校第５学年

本資料は，心臓に思い障害をもって生まれた子どもを両親が深い愛情で包み，一生懸命その命を支えた６年間の記録である。１歳まで生きられるかどうかわからないと宣告されたにもかかわらず，秋雪くんはたくましく生き抜いた。両親はどんなに大変な状況でも，わが子へ深い愛を注ぎ続けた。母である筆者は「どんな苦しい状況であっても，今の命を精一杯生きることが人としての幸せ」と訴えている。

この資料を通して，親がどんな気持ちで子どもを愛しているかを感じさせたい。そして，ありのままの自分を受け入れ，愛し，日々を楽しく元気に過ごすことが一番大切なのだと気づかせたい。

（5）【本時のねらい】について

道徳授業のねらいは各教科等のそれに比べて抽象的で曖昧なものが多い。

ねらいが漠然としている。特に多いのが，

○ 幼い人や高齢者など身近にいる人に温かい心で接し，親切にしようとする気持ちを育てる

○ 友達と互いに理解し，信頼し，助け合おうとする心情を育てる

などのような学習指導要領の内容項目の文章をそのまま引用して，語尾に心情

や態度などの道徳性をつけたものである。

そうではなく，授業者は，具体的で鮮明なねらいを自分の頭で考え，自分の言葉で述べる必要がある。

① 資料に絡め具体的なねらいを立てる

自分は何を学ばせたいのか，資料の中心的場面（内容）に絡めてねらいを具体的に立てる。ねらい（願い）が抽象的でぼやけていては授業にならない。

② ねらいの語尾を吟味して決める

これからの道徳授業では，道徳教育に関する認知的側面，情意的側面，行動的側面をバランスよく指導していく必要がある。

ただし，小学校低・中学年の道徳授業では，どうしても，道徳的心情を豊かに養うことをねらいとする授業が多くなる。「○○しようとする態度を育てる」をねらいとする授業も行うが，小学校低・中学年の道徳授業は，やはり，道徳的心情を豊かに養うことが核となる。道徳的心情は道徳性の根幹であるからである。

望ましい「本時のねらい」の例として，以下のようなものがある。

○青おにの手紙を読んでいつまでも泣き続ける赤おにの気持ちを共感的に理解することを通して，友達を心からいいものだと思い，大切にしようとする心情を育てる。　（小学校中学年２―（３）：資料「ないた赤おに」）

○りすのためにぐみの実を運んでいる小鳥の気持ちを考えることを通して，困っている人や弱い立場の人には親切にしようとする気持ちを養う。

（小学校低学年２―（２）：資料「ぐみの木と小鳥」）

（６）【発問】について

発問に関しては，資料の各場面での問いである「～のとき○○はどんな気持ちだったか？」などの「小さな発問」の繰り返しにならないように気をつけたい。従前の日本の道徳授業では，気持ち悪いほど「気持ち」を聞いてきた。その結果，国語の授業なのか道徳の授業なのか，わからないといわれてきた。

永田繁雄は，「発問の対象・大きさと発問例」を以下のようにまとめている（永田 2006）。

発問の大きさ		
小	場面を問う （人物の気持ちや行為の理由など）	・～のとき○○はどんな気持ちか？ ・～のとき○○はどんなことを考えたか？ ・～のとき○○がそうしたのはなぜか？ ・～のとき自分が○○ならばどうするか？
	人物を問う （主人公の生き方など）	・○○の生き方をどう思うか？ ・○○の心を支えているのは何か？ ・○○と○○の考えはどう違うのか？ ・○○にどんなことを言いたいか？
	資料を問う （資料の意味や持ち味など）	・この話からどんなことがわかるか？ ・この話のどんなことが問題なのか？ ・この話の□□についてどう思うか？ ・この話が心を打つのはなぜか？
大	価値を問う （主題となる価値や内容など）	・自分は□□についてどう考えるか？ ・本当の□□とは何だろう？ ・□□はなぜ大切なのか？ ・□□と□□とはどんな違いがあるのか

道徳を「小さな国語」の授業にしないためにも，価値や資料や人物を問う「大きな発問」を中軸に据えた授業を今まで以上に創り出していく必要がある。

（7）【導入】について

導入は子どもが学習課題（学習の方向）をつかみ，学習意欲をもつ段階である。導入を構想する際は「主題」を強く意識してかかり，抽象思考に子どもを引き込まないことに留意する。

子どもは概して抽象思考が苦手であるから，「誠実とは何ですか？」や「思いやりとはどんな気持ちのことを言いますか？」などといった問いかけでは，混乱してしまう。

子どもたちのなかには考えられる子もいるが，大多数の子どもは学習に参加すらできない。導入で学習へのやる気を打ち崩されることになる。価値の概念について問う発問は，児童には慎むべきである。

導入は，子どもが「具体的」に考えられるようにすることが肝要である。また，授業全体でも「誠実」などの抽象的な言葉を使わないよう注意しよう。

（8）【展開後段】について

展開の後段では，資料の登場人物に自己を投影しながら学習した道徳的価値に照らして，自己を見つめ，自己の生き方についての考えを深めるのが基本である。

自己を深く見つめるための配慮事項として，以下の2つがある。

① 児童の発達段階に応じた「振り返り」を

発表させると，低学年は積極的に手があがるが，高学年ではうまくいかない。また，子どもは発表してもよい程度のことまでしか考えなくなる。

「自分の生活を振り返る」は，高学年になれば，子どもの心のなかで，自然に静かに振り返らせるようにした方がよい。

②「書く活動」と「読み合う活動」で対話を

「今まで，〜したことはありますか」や，「これからどうしていきますか」などのような決意を迫る発問をよく見るが，単なる経験の想起や決意表明に陥らないように気をつけなければならない。

小学校中学年まではまだしも，高学年になるとこういう発問を嫌がり，授業はシラけ，何かしら暗く重たい雰囲気となる。

高学年の子どもたちの自己内対話を活性化させるには，「書く活動」を多用すること。「書く」活動には，照れを感じることが少なく，高学年の子でも素直に自己を見つめることができる。

また，高学年で，相互の対話を活性化させるには，「読み合う活動」を重視すればよい。クラスメイトのさまざまな意見を読み合うなかで，心の内で級友と対話をし，自己を見つめ，磨き，深めていく。

（9）【終末】について

終末は，本時の学習を通して考えたことやわかったことを確かめたり，さらに深く心に刻んだり，これからの自分へのやる気を高めたりする段階である。自尊感情や自己肯定感が高まる終末にしていく必要がある。

説話をする場合は，「自分もなかなかうまくいかず失敗ばかりしているが，それをなんとか乗り越えようと努力している，懸命に頑張っている」，そういう自分を，言葉を削り，研ぎ澄ませて，誠実・実直に語ろう。

終末で感想を書かせた場合は，必ず，翌日の学級通信にその声を紹介し，子どもたち同士が，再び，学びあい，深めあい，磨き合えるよう支援を行おう。

参考文献

赤坂雅裕（2014）『子どもに学ぶ道徳授業――良心の覚醒・追求を促す』北樹出版。

谷合明雄・津田知充・後藤忠編（2014）『小学校・中学校　こうすれば道徳指導案が必ず書ける――教科化で問われる道徳の“授業力”』教育開発研究所。

永田繁雄編（2006）『「じぶん」「いのち」「なかま」を見つめる道徳授業』教育出版。

（赤坂雅裕）

第13章

道徳科の指導案作成２（中学校）

教員は，授業を行う際，授業の設計図ともいうべき学習指導案を作成する。学習指導案は，教員自身が授業を進めるための計画書として作成するだけでなく，公開授業等において他の教員をはじめ参観者に授業のねらいや流れなどを示し，授業後にさまざまなアドバイスを受けるためにも作成するものである。したがって，学習指導案は，それを見ただけで参観者にも授業がイメージできるわかりやすいものでなければならない。

本章では，道徳科学習指導案を作成するにあたり，①「特別の教科 道徳」（以下，「道徳科」という）とは何をする時間なのか，②授業で使用する読み物教材をどう分析するのか，③どのような手順で学習指導案を作成していくのか，④指導案はどのように見直すのかを中心に解説していく。

1 道徳科とは何をする時間なのか

中学校学習指導要領には，「第１章総則」において，道徳教育は道徳性を育成することを目標とすることや，道徳科が学校の教育活動全体で行われる道徳教育の要となる時間であることが示されている。

また，「第３章　特別の教科　道徳」では，道徳科の目標が「よりよく生きるための基盤となる道徳性を養うため，道徳的諸価値についての理解を基に，自己を見つめ，物事を広い視野から多面的・多角的に考え，人間としての生き方についての考えを深める学習を通して，道徳的な判断力，心情，実践意欲と態度を育てる。」（下線は引用者）と示されている。

道徳教育の目標となっている道徳性とは，『中学校学習指導要領解説　特別の教科　道徳編』によると，人間としてよりよく生きようとする人格的特性であり，内面的資質である道徳的判断力，道徳的心情，道徳的実践意欲と態度の諸様相からなると示されている。

1958（昭和33）年の学習指導要領改訂により道徳の時間が特設されて60年以上が経過しているが，道徳教育の目標や道徳の時間の目標は，表現の違いこそ多少見られるものの大きくは変更されていない。このことは，教科化された今も変わらない。

ところが，多くの児童・生徒の道徳科に対する受け止めは，道徳科の目標から受ける印象とは随分異なっていることわかる。たとえば，授業において自らのこれまでの失敗を発表（懺悔）させられる時間であるとの受け止めをはじめ，「あいさつをしなさい。」，「遅刻をしてはいけません。」など個々の道徳的実践（言葉遣いや行動など）が指導される時間であることや，よい行いと思われる分かり切ったことを言わされる時間であることなどの受け止めがこれに当たる。

生徒のそのような受け止めは，指導に当たった教員の学習指導要領に示された目標に対する無理解がもたらしたものが大きい。

道徳科の指導に当たっては，道徳科が，人間の心の部分（内面的資質）を育てることにより，人間としてよりよく生きようとする人格的特性である道徳性を育てる時間であることをしっかりと理解して当たることが大切なのである。

そこで，道徳科とは何をする時間なのかを図13-１により解説してみよう。図では楕円形の上半分に「言葉・行動・表情」を，下半分に「心」という文言を入れている。たとえば，電車のなかでお年寄りに座席を譲ることをイメージしてみる。お年寄りに対して「どうぞ。」という言葉かけや譲るという行為は楕円形の上半分に当たる。また，座席を譲ろうとする気持ちをもつことや譲るか譲らないかを考えることは下半分の心の状況に当たる。上半分は見える部分，下半分は見えない部分である。お年寄りに座席を譲るという上半分の行動は，お年寄りを立たせておいては辛いだろうなという心情や，ここは席を譲らねばという判断が働いたときに起こるのである。

学校におけるさまざまな教育活動のうち，あいさつ運動やいじめ防止キャン

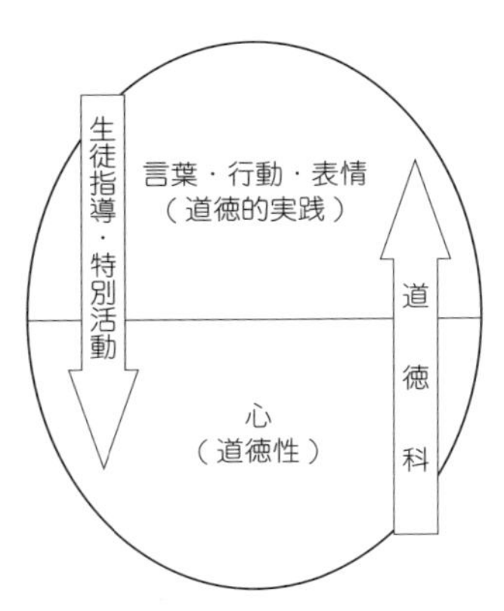

図 13－1　道徳科が扱う対象

ペーンなどのように，生徒指導や特別活動で行われる取組は，主として上半分の道徳的実践を取り上げることが多く，それらを粘り強く取り組むことによって礼儀やいじめ防止が生徒の心に定着するように行われる。つまり，図に示したように上から下に向かうベクトルの教育活動である。

これに対して，道徳科は，図の下半分について取り上げ，教員と生徒が人間の心の部分を深く考えていくことによって，将来出会うであろうさまざまな場面，状況においても適切な行為を主体的に選択し，実践することができる内面的資質を育てる時間である。図のように下から上へと向かうベクトルの教育活動なのである。このことが多くの教員に正しく理解されていないのである。

では，道徳科の授業は，学習指導要領に示された目標に沿ってどのような方法で進めればよいのだろうか。実は，このことを示しているのが道徳科の目標中の下線を付した部分である。

たとえば，「生命の尊さ」について，下線部に沿って考えてみよう。命が大切であることは誰もが道徳的価値として知っている。しかし，命がなぜ大切なのかを考える機会はそうあるものではない。道徳科では，読み物教材などを活用し，生命の尊さについて，これまでから漠然と知っていた道徳的価値をもとに，自らのこれまでの考えをふり返りながら，学級全体で命がなぜ尊いのかについてさまざまな角度から考えを出し合い，人間として命の尊さとどう向き合うのかを考える学習を行うのである。

道徳科学習指導案は，こうした道徳科の目標に沿って授業の流れを設計図として作成していくことになる。

2 授業で使用する読み物教材をどう分析するのか

道徳科学習指導案の作成には，授業で使用する教材の分析が必要である。ここでは読み物教材「言葉の向こうに」（資料13-１）を例に解説していく。

分析は教材を読むところから始める。最初は，教材を分析することや学習指導案を作成しなければならないことなどの雑念を捨てて，教材の内容に浸ることが大切である。

読み物教材は，中学校学習指導要領における道徳科の目標に示された「自己を見つめ，物事を広い視野から多面的・多角的に考え，人間としての生き方についての考えを深める学習」ができるよう，主題となる道徳的価値について，それまであまり意識したことがなかった主人公が，何らかのきっかけによりじっくりと考えるようになるというような流れで作られているものが多い。

言葉の向こうに

夜中に，はっと目が覚めた。すぐにベッドから起き出してリビングへ降り，パソコンの電源をつける。画面の光が部屋の片隅にまぶしく広がった。

私は，ヨーロッパのあるサッカーチームのファン。特にエースストライカーのA選手が大好き。ちょうど今頃，向こうでやっている決勝の試合が終わったはず。ドキドキしながら試合結果が分かるサイトをクリックした。

「やった，勝った。A選手，ゴール決めてる。」

思わず声が出てしまった。大声出したら家族が起きちゃう。そっと一人でガッツポーズ。

みんなもう知ってるかな。いつものように日本のファンサイトにアクセスした。画面には，「おめでとう」の文字があふれてる。みんな喜んでる。うれしくて胸が一杯になった。私もすぐに「おめでとう」と書き込んで続けた。

「A選手やったね。ずっと不調で心配だったよ。シュートシーンが見たい。」

すると，すぐに誰かが返事をくれた。

「それなら，観客席で撮影してくれた人のが見られるよ。ほら，ここに。」

「Aのインタビューが来てる。翻訳も付けてくれてる。感動するよ。」

画面が言葉で埋め尽くされていく。私は夢中で教えてくれたサイトを次々に見に行った。

学校でもサッカーの話をするけど，ヨーロッパサッカーのファンは男子が多い。私がA選手をかっこいいよね，って言っても女子同士ではあんまり盛り上がらない。寂しかったけど，今は違う。ネットにアクセスすれば，ファン仲間が一杯。もちろん顔も知らない人たちだけど。今この瞬間，遠くの誰かが私と同じ感動を味わってる。なんか不思議，そしてうれしい。気が付くともうすぐ朝。続きはまた今夜にしよう。

今日は部活の後のミーティングが長かった。家へ帰ると，食事を用意して待っていた母に，

「ちょっと待ってて。」

と言って，パソコンに向かった。優勝後のインタビューとか，もっと詳しく読めるかな。楽しみ。

「Ａは最低の選手。あのゴール前はファールだよ，ずるいやつ。」

開いた画面から飛び込んできた言葉に，胸がどきっとした。何，これ。

「人気があるから優遇されてるんだろ。たいして才能ないのにスター気取りだからな。」

ひどい言葉が続いてる。読み進むうちに顔が火照ってくるのが分かった。

怒りで一杯になって夢中でキーボードに向かった。ファンサイトに悪口を書くなんて。

「負け惜しみなんて最低。悔しかったら，そっちもゴール決めたら。」

すると，また次々に反応があった。

「向こうの新聞にも，Ａのプレイが荒いって，批判が出てる。お前，英語読めないだろ。」

「Ａのファンなんて，サッカー知らないやつばっかり。ゴールシーンしか見てないんだな。」

「Ａは，わがまま振りがチームメイトからも嫌われてるんだよ。」

必死で反論する私の言葉も，段々エスカレートしていく。でも絶対負けられない。

「加奈子，いい加減にしなさい。食事はどうするの。」

母の怒った声。はっと気付いて時計を見た。もう一時間もたってる。

「加奈ちゃん，パソコンは時間を決めてやる約束よ。」

ずっと待たされていた母は不機嫌そうだ。

「ごめんごめん。ちょっと調べてたらつい長くなっちゃって。」

「そうなの。なんだかこわい顔してたわよ。加奈ちゃん，こっちに顔を向けて話しなさい。」

「はあい，分かりました。ちゃんと時間守ります。お母さんの御飯おいしいよね。」

そう言いながらも，私の頭はＡ選手へのあのひどいコメントのことで一杯だった。

「まったく調子いいんだから。でもね，ほんとかどうか目を見れば分かるのよ。」

私は思わず顔を上げて母を見つめた。その表情がおかしかったのか，母がぷっと吹き出した。つられて私も笑った。急におなかがすいてきちゃった。

食事の後，サイトがどうなっているか気になって，恐る恐るパソコンを開いてみた。

「ここにA選手の悪口を書く人もマナー違反だけど，いちいち反応して，ひどい言葉を向けてる人，ファンとして恥ずかしいです。中傷を無視できない人はここに来ないで。」
ええーっ。なんで私が非難されるの。A選手を必死でかばってるのに。
「A選手の悪口を書かれて黙っていろって言うんですか。こんなこと書かれたら，見た人がA選手のことを誤解してしまうよ。」
「あなたのひどい言葉も見られてます。読んだ人は，A選手のファンはそういう感情的な人たちだって思っちゃいますよ。中傷する人たちと同じレベルで争わないで。」
なんで私が責められるのか全然分からない。キーボードを打つ手が震えた。
「だって悪いのは悪口書いてくる人でしょ。ほっとけって言うんですか。」
「挑発に乗っちゃ駄目。一緒に中傷し合ったらきりがないよ。」
優勝を喜び合った仲間なのに。遠くのみんなとつながってるって，今朝はあんなに実感できたのに。なんだか突然真っ暗な世界に一人突き落とされたみたいだ。
もう見たくない。これで最後。と，もう一度画面を更新した。
「まあみんな，そんなきつい言い方するなよ。ネットのコミュニケーションって難しいよな。自分もどうしたらいいかなって，悩むことよくある。失敗したなーってときも。」
「匿名だからこそ，あなたが書いた言葉の向こうにいる人々の顔を思い浮かべてみて。」
えっ，顔。思わず私はもう一度読み直した。そして画面から目を離すと椅子の背にもたれて考えた。
そうだ……。駄目だなあ。何で字面だけにとらわれていたんだろう。一番大事なことを忘れていた。コミュニケーションしているつもりだったけど。
私は立ち上がり，リビングの窓を大きく開け，思いっきり外の空気を吸った。
「加奈ちゃん。調べ物はもう終わったの。」
台所から母の声がする。
「調べ物じゃないの。すごいこと発見しちゃった。」
私は，明るい声で母に言った。

（出所）文部科学省『私たちの道徳』中学校版より。

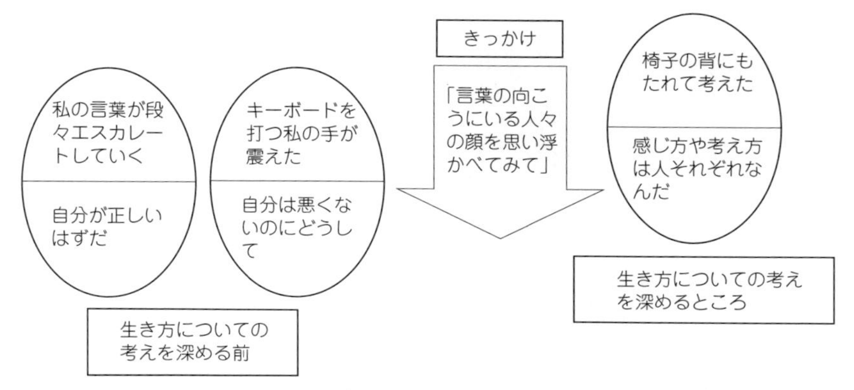

図 13－2　「言葉の向こうに」の教材分析

教材分析は，道徳科の目標を目指して授業を行うため次のように行う。

①　人間としての生き方についての考えを深めたのは誰か。

②　人間としての生き方についての考えを深めるきっかけとなったのは何か。

③　人間としての生き方についての考えを深めるのはどこか。

「言葉の向こう」では，ファンサイトに書き込みをした加奈子（主人公）が，思いもよらぬ反応に戸惑い，ムキになって反論する様子が描かれている。加奈子の戸惑いは，ファンサイトゆえに自分の考え方と同じような考えのファンばかりだと勝手に思い込んでいたことから生じているのである。ところが，これで最後と，もう一度画面を更新した際，「匿名だからこそ，あなたが書いた言葉の向こうにいる人々の顔を思い浮かべてみて。」という書き込みによって我に返り，これまでのことを冷静にふり返るのである。

したがって，この教材において，人間としての生き方についての考えを深めたのは加奈子であり，生き方についての考えを深めるきっかけは，最後に画面を更新した際の書き込みを見たところになる。加奈子はその直後，「画面から目を離すと椅子の背にもたれて」人間としての生き方について考えを深めるのである。

「言葉の向こうに」を分析したものを図示すると図13‒２のようになる。

3 どのような手順で学習指導案を作成していくのか

学習指導案は，教員が授業を進める際の単なるメモではない。学習指導案は，授業後に，参観した教員から授業改善に向けた的確な意見を得るため，授業者以外の教員が見てもその授業がイメージできるよう，謙虚な気持ちで丁寧に作成しなければならない。

学習指導案には特に決まった様式がある訳ではない。ただし，道徳科の授業では指導者が最後に何らかの結論に導いたり，一定の考え方を示すことはしない。したがって，本時の展開における過程欄は，導入・展開・まとめではなく，導入・展開・終末となる。

ここでは第２節で分析した「言葉の向こうに」の学習指導案（資料13-２）をもとに，道徳科学習指導案の一般的な作成手順を解説する。

資料 13－2　「言葉の向こうに」の学習指導案

道徳科学習指導案

指導者　〇　〇　〇　〇㊞

1　日　　時　令和〇〇年〇月〇〇日（〇）第〇校時（〇〇：〇〇～〇〇：〇〇）
2　場　　所　〇年〇組教室
3　対　　象　〇年〇組〇〇名（男子〇〇名，女子〇〇名）
4　主　　題　相互理解，寛容
5　内容項目　B―（９）
6　学習のねらい

インターネットのファンサイトでのやりとりからネットのコミュニケーションについて新たな発見をしていく主人公の心情を通して，自分の考えや意見を相手に伝えるとともに，それぞれの個性や立場を尊重し，いろいろなものの見方や考え方があることを理解し，寛容の心をもって謙虚に他に学び，自らを高めていこうとする道徳的判断力を養う。

7　教 材 名　「言葉の向こうに」（文部科学省『私たちの道徳』中学校版より）
8　本時の展開

過程	学習活動	主な発問と予想される生徒の反応	指導上の留意点
導入	・本時のテーマとなっているインターネットをイメージする。	〇　インターネットはどのような時に使いますか。 ・調べ物をする時　・何かを予約する時 ・音楽を聞く時　・動画を見る時	・インターネットに対するイメージを共有させる。 ・テンポよく短時間で聞いていく。
	・範読を聞く。 ・登場人物それぞれの立場を把握する。 ・主人公の言葉がエスカレートしていく理由を考える。	〇　登場人物は誰ですか。 ・私（加奈子） ・加奈子と対立したファン ・加奈子のやりとりを見ていたファン，母，Ａ選手 〇　必死で反論する私の言葉がだんだんエスカレートしていったのはどうしてでしょう。 ・自分が正しいと信じていたから。	・教材を範読する。 ・登場人物を主人公，主人公と対立したファン，第三者に分けて整理しておく。 ・予想外の展開に動揺しながら我を忘れて反論する主人公の心情を共感的

		•言われたことには言い返さなければと思ったから。	に捉えさせる。
	•キーボードを打つ主人公の手が震えた理由を考える。	○　キーボードを打つ私の手が震えたのはどうしてでしょう。 •自分は悪くないのにどうしてという思いから。 •仲間と思われる人からも注意されたショックから。	•やりとりを見ていたファンからも注意され，いっそう動揺する主人公の心情に共感させる。
展開	•椅子の背にもたれて考え込む主人公の心情を多面的・多角的に考える。	◎　私は，椅子の背にもたれてどのようなことを考えていたのでしょう。 •感じ方や考え方は人それぞれなんだ。 •自分の思い込みだけではダメなんだ。 •読む人のことを考えていなかったということか。 •顔が見えないから，どんどんエスカレートしてしまうんだ。 ㉂返顔が見えないと，どうしてエスカレートするの？ •文字だけで判断してしまい，相手の表情や思いがわかりにくいから。 •こちらの思いや表情が伝わっていないかも知れないから。 •このやりとりを見ていた第三者の人たちは嫌な思いをしていたんだ。 •こんなやりとりをＡ選手は喜ばないだろうな。 •「目を見れば分かるのよ。」と言ったお母さんはさすがだなあ。 •みんなに申し訳ないことをしたな。 補加奈子が発見したすごいことって何でしょう。 •ネットのコミュニケーションでは，伝わりにくいものがあること。 •いろんなものの見方や考え方があること理解しなければならないこと。	•これまでのやりとりを振り返ることになる主人公の心情を多面的・多角的に考えさせ，主題とする「相互理解，寛容」に迫る。 •主題を考える手がかりとなる反応が出たときには，問い返しの発問により深めていく。 •中心発問のみで主題が十分深まらなかったときは，補助発問により考えさせる。
終末	•感想を書く		•感想を書かせる。

（1）中心発問を考える

自己を見つめ，物事を広い視野から多面的・多角的に考え，人間としての生き方についての考えを深める学習をしていくために，まず，授業のヤマとなる中心発問から考えていく。

中心発問は，生徒が物事を広い視野から多面的・多角的に考えることができるよう，さまざまな視点から反応が得られるような発問を工夫する。「言葉の向こうに」では，主人公の加奈子が最後に書き込みを見たあとのところで中心発問を作ることになる。しかし，この教材では最後の書き込みを見たところから教材の終わりまでに中心発問にできそうな箇所が数か所ある。

たとえば，次のような発問が考えられる。

① 私は，いすの背にもたれてどのようなことを考えていたのでしょう。
②「駄目だなあ。」で，私は，何が駄目だと思ったのでしょう。
③「一番大事なことを忘れていた。」で，私は，一番大事なこととはどんなことだと思っていたのでしょう。
④ 私はどんな思いで思いっきり外の空気を吸ったのでしょう。
⑤「すごいこと発見しちゃった。」で，私は何を発見したのでしょう。

などである。②のように発問をすると，駄目だと思ったことだけが生徒の反応として出てくる。つまり，一方向からの反応のみになる。③や⑤の発問も同様である。生徒が物事を広い視野から多面的・多角的に考えることができるようにするためには，①のようにさまざまな角度から多様な発言が得られる発問を考えることが必要である。④の発問でも①と同様多様な発言が得られるだろう。

中心発問が決まれば「発問と予想される生徒の反応」欄の左右にある「学習活動」欄と「指導上の留意点」欄を作成する。「学習活動」欄は，授業中に生徒が行う活動を「椅子の背にもたれて考え込む主人公の心情を多面的・多角的に考える。」のように生徒視点で書いていく。一方，「指導上の留意点」欄は，教員がどのようなことに留意しながら授業を進めていくのかを「サイトを通じたこれまでのやりとりを振り返ることになる主人公の心情を多面的・多角的に考えさせ主題とする『相互理解，寛容』に迫る。」のように教員視点で書いていく。学習活動が書かれていなければ生徒が発問によってどのような活動をするのかがわからない。また，指導上の留意点が書かれていなければ教員が発問している意図がわからないことになる。発問と学習活動，指導上の留意点はセットで書かなければならない。

（2）中心発問に対する予想される生徒の反応を考える

中心発問を考えたあと，発問に対する生徒の反応を考えることになる。生徒から多様な反応を引き出すための発問をしていることから，生徒の反応についても多様に予想して授業に臨まなくてはならない。言い換えれば，どれだけ多くの反応を予想できるかが教員の指導力量でもある。

「私は，いすの背にもたれてどのようなことを考えていたのでしょう。」という中心発問に対する生徒の反応を予想してみよう。

- Ａ選手を悪く言われて，ついカッとなってしまったなあ。
- 私が嫌な気持ちになったように，みんなも嫌な気持ちになっていたのだ。
- パソコンの文字だけにとらわれていたなあ。
- 仲間は私を責めている訳ではなかったのか。
- 考え方や捉え方は人によって違うのだなあ。
- ネット上には多くの意見があると考えなければならないんだ。
- 自分の思い込みだけではだめなのか。
- 読む人のことを考えていなかったということか。
- 顔が見えないネットのコミュニケーションって難しいなあ。
- 直接話すときには，こんなことは言わないだろうなあ。
- 普段人と接するときの気持ちを忘れてはいけないということか。
- お母さんも目を見れば分かると言ってたなあ。
- 相手に申し訳ないことをしたな。
- 向こうにいる人の顔を思い浮かべると，もっと楽しくコミュニケーションがとれるのだ。
- 気付かせてくれてありがとう。

なお，「対話的で深い学び」ができるよう，生徒の反応をもとに，主題について深めるための問い返しの発問と反応や，中心発問を補うための補助発問と反応も考えておくとよい。

（３）主題，内容項目，学習のねらいを確定する

教材を読み，分析を行った時点で，主題や内容項目についても当然視野に入れて考えているわけであるが，主題，内容項目，学習のねらいは，教材分析によって中心発問が決まった段階で確定する。

主題は，教材に描かれている道徳的価値について「思いやり」「友情」「相互理解」などのように簡潔に表現する。2017（平成29）年３月に改訂された中学校学習指導要領では道徳的価値についてキーワードで示されている。

内容項目は中学校学習指導要領で示されている内容を「Ｂ―（９）」のように記号と番号で書くことになる。

学習のねらいは，基本的に，教材によって育てる道徳的価値や道徳性の様相を文章で書くことになる。「言葉の向こうに」の学習指導案では学習のねらいついて，「インターネットのファンサイトでのやりとりからネットのコミュニケーションについて新たな発見をしていく主人公の心情を通して，自分の考えや意見を相手に伝えるとともに，それぞれの個性や立場を尊重し，いろいろなものの見方や考え方があることを理解し，寛容の心をもって謙虚に他に学び，自らを高めていこうとする道徳的判断力を養う。」としている。この文章は，「通して」と「とする」という文言を境に３つの部分で構成されている。「通して」までは，教材の概要を主人公の心情をもとに書いている。「通して」から「とする」までは，中学校学習指導要領に示された内容項目を転記している。「とする」からあとは，育てたい道徳性を判断力，心情，実践意欲と態度の諸様相から選択して書いている。このように書くことによって使用する教材の内容を踏まえて主題とする道徳的価値について考えさせ，道徳性を育てていくことが明示できるのである。

（４）その他の発問と予想される生徒の反応を考える

中心発問以外の発問は，授業のヤマである中心発問において学習のねらいを達成するための布石として，最少限必要な発問に絞って行うことになる。

導入段階の発問は，主題に対する生徒の興味や関心を高め，学習への意欲を喚起するために行う。具体的には，本時の主題に関わる問題意識をもたせることや，先に示した学習指導案のように教材の内容に興味や関心をもたせることなどが必要である。「みなさんは，メールのやりとりで失敗した経験はありませんか。」のように，授業開始と同時に生徒に懺悔を強いるような発問は，そのあとの学習意欲を失わせることとなり，厳に慎まなければならない。

展開段階で行う発問は，中心発問において生徒が深く考えることができるようにするための布石となる発問のみに絞って行うことが必要である。「言葉の向こうに」の学習指導案では，生き方についての考えを深める前の主人公の姿が象徴的に表現されている２か所のみに絞って発問が作られていることがわかるだろう。

中学校における道徳科の時間は基本的に50分間で行われる。50分間のなかで教材を範読する時間（10分前後）や，感想を書かせる時間（７・８分程度）は，省略することができない。中心発問では20分程度の時間をかけて，できれば生徒全員に発言させたい。そうすると導入段階は３分以内，中心発問に至る発問は10分程度で行わなければならないことになる。中心発問以外の発問構成を考えるときには，時間配分を十分考えておく必要がある。

4　指導案はどのように見直すのか

50分間という限られた時間で完結することが基本となっている道徳科では，中心発問に時間をとって，教材に描かれている事象を広い視野から多面的・多角的に考えさせていくが，それだけでは人間としての生き方についての考えを深める学習としては十分とはいえない。

終末段階で感想を書かせるのは，中心発問で他の生徒から出てきた多様な意見を踏まえて，生き方について一層深く考えられるようにするためである。生徒が書いた感想は，後日「道徳だより」に掲載し，配布することにより，生徒一人ひとりの捉え方を共有させ，生徒が自己を見つめ，人間としての生き方についての考えを深められるようにするのである。

生徒が書いた感想は，生徒の道徳性の成長を把握し評価に活かすことができるだけでなく，教員が授業を振り返って自身の授業を評価するための貴重な資料にもなる。主題となった道徳的価値や生き方について，生徒がどれだけ深く考えていたかは，感想が示しているのである。

授業は録画または録音するか，参観する教員に依頼して教員の発問と生徒の反応についての授業記録をとることも大切である。授業は生き物である。学習指導案には発問と予想される生徒の反応が書かれているが，実際の授業では生徒は設計図通りの反応を示すとは限らない。また，生徒の短い反応に教員は問い返しの発問をして深く考えさせているはずである。授業記録は自身の授業を振り返る貴重な資料になる。

生徒に書かせた感想や授業記録，授業を参観した教員のアドバイスなどをもとに，発問構成をはじめ，各発問の時間配分，発問の内容，問い返しの発問の適否など，教員は実施した授業を振り返り学習指導案を見直していく。

教員の授業力の向上には，自身の授業を振り返り学習指導案を見直してくことは欠かせない。

参考文献

牧﨑幸夫ほか編著（2017）『楽しく豊かな道徳科の授業をつくる』ミネルヴァ書房。
牧﨑幸夫他ほか編著（2019）『楽しく豊かな道徳科の授業をつくる２』ミネルヴァ書房。
文部科学省（2018）『中学校学習指導要領解説 特別の教科 道徳編』教育出版。
文部科学省（2014）『私たちの道徳　中学校版』廣済堂あかつき。
横山利弘（2007）『道徳教育とは何だろう』暁教育図書。

（牧﨑幸夫）

第14章

今日における道徳教育の課題

道徳教科化に向けて今日の日本の道徳教育が抱えるさまざまな課題の解決が期待されているが，最も素朴でかつ多くの教員に共通の悩みは，どうすればいい授業になるのか，ということに尽きよう。この悩みの根底には「わかりきっている」ことを教えるなんて他の教科ではあり得ない，という認識がある。道徳における「わかる」とはどういうことか。一方で，「道徳に答えはない」というが，授業のねらいは確実に存在する。矛盾ではないのか。そんな疑問にも答えなければならない。こう考えるとますますもって訳がわからない。だから，指導助言の先生は「はしのうえのおおかみ」のクマさんよろしく，「ほらこうすればいいのさ」と。本当に「これさえやっとけば」というような万能の処方箋は存在するのか。手垢のついた日常言語としての「道徳」の分析から道徳授業の課題に切り込んでいきたい。

1 「わかりきっている」とはどういうことか

道徳が教科化されるにあたり「アクティブ・ラーニング」の導入が求められている。そこには道徳授業がわかりきった内容を押しつけるだけの時間になりがちだという認識が存在している。確かに道徳教材における善悪の判別自体は一部を除いては容易い。それなら，ほとんどの読み物教材は考えさせるに値せず，使い物にならないということか。「わかる」ということを善悪の判断のみで決めればそういうことになる。

しかし，我々の用いる「わかる」という言葉の実態はそのような単純なものではない。イズラエル・シェフラーは人間の知識には弱い意味での知識と強い意味での知識の２種類が存在するとしている。たとえば,「私は自転車の乗り方は知っているが，乗ることはできない」という発言に対し，我々は「それは『乗り方を知っている』とは言わないんじゃない？」と返すことだろう。ここには２種類の「知っている」が含まれている。我々の多くは，自転車の乗り方を知っている，という時の「知っている」は「乗れる」を含意するものと理解している。つまり，ただ知識として知っている，とりあえず正邪だけは言い当てることができるという類の知識をシェフラーは弱い意味での知識と呼び，自転車の乗り方のように「できる」を伴ったものや，他者を説得できるほどに根拠が説明できるものを強い意味での知識と呼んでそれらを区別することが必要だと述べているのである。

それでは，道徳について「知っている」というとき，我々はどちらの意味でこの言葉を使っているのか。答えは「両方」である。「近頃の若いもんは道徳っちゅうもんをまったくわかっとらん」と嘆くオヤジさんの「わかる」は強い意味での使用である。それに対し,「うるせえな，言われなくてもわかってるよ」という若者の「わかってる」は本人の自覚はともかく傍から見れば，とりあえず正邪はわかっている，という弱い意味の使用法に見える。このように,道徳についての「わかる」「知っている」は両方の使い方が実態として混淆しているのだ。だが，道徳授業における「わかる」については少なくともねらいとして目指すのは明らかに強い意味での知識の方である。我が国の道徳教育の目標が「道徳的実践力」の育成であったり,「道徳的実践意欲」を育むことであったりすることからしてこれは明らかなことだろう。

そして，道徳教材に出てくる善悪などわかりきっていて考える価値もない,という状況はこのように「わかりきっている」を強い意味での知識として捉え直したとたんにほとんど消滅する。確かに正しさの根拠ぐらいは教材の文脈中に提示されるので若干「強化」はされるが，それだけであって「できる」「できそう」「やってみよう」につながる確信に多くは至らない。だが，実践に向かう原動力は「正しさ」だけではない。心情の後押しや思考習慣・納得，できそうな予感のサポートが加わって初めて実行や実践意欲の喚起に至るというのが実態であろう。ざっと読んだだけの感想や主人公の気持ちを問うだけの単調な授業でこれらの要素を盛り込むことは難しい。いずれにせよ一工夫いるのは事実だ。そこで，文章表現の中だけで考えていると答えがわかりきった発問しかできないとして，行間を読むことや，別の事例を重ねることで考える要素を捻出するというのも一つの手段ではある。しかし，そのことでその教材の特質を見落とすことになってよいのだろうか。

たとえば，低学年教材の「ノートのひこうき」などは，題名のとおり，本来は学習に使われるはずのノートが，落書きに使われ，果ては紙飛行機として飛ばされ校庭の隅で悲嘆にくれる（擬人化されている）という話であり，確かにこの教材のメッセージをざっと読んで一言で語ればものを大事に使え，ということで「わかりきっている」。そこで本来の使い方でない例を重ねて，なぜ悪いか痛感してもらおう，などの工夫が考えられ，それで一定の効果は得られるだろう。しかし，ノートを擬人化して表現した作者の意図がこれでは反映されていない。最初はあんなに大事にしてくれたのに，やがて粗末に扱われ，捨てられる。このド演歌のような恨み節がこの話の醍醐味ではないのか。モノに対する我々の浮気な薄情けが身に染みる。ノートの身になって愛されていた頃との落差に震えるしかない。

また，「一工夫」が発達段階からの乖離を招いてもよろしくない。小学校一年生対象の超有名教材「はしのうえのおおかみ」について言うと，発達段階を考慮した場合，ジャン・ピアジェのいう前操作期にあたる6歳児中心の小学校一年生に対して，弱者には横柄に振る舞い，強者には媚びへつらうことの卑劣さを反省して改めるべしというねらいで授業を進めることが不合理なのはいうまでもなかろう。そこで，指導方法としては発達段階に注目して，「憧れの存在を模倣することによって道徳的善悪を吸収していく」という着眼で攻めるか，意地悪をしたときの「えへん，へん」とクマさんの真似をして親切をした後の「えへん，へん」の比較から，思いやり行動は自分にとってもより気持ちがよい，という展開にするかのどちらかが主流の指導法であろう。後者を支持する立場からすれば，クマさんがやさしくて親切でカッコいいのは「わかりきっている」ということで比較を考える要素として取り込むということなのだろう。確かに，同じ「えへん，へん」を二度用いて比較してもらおうという作者の意図もうかがえるため，あながち誤りではない。考える要素もないわけでもなく，それなりの授業にはなる。ただ，十数回「はしのうえのおおかみ」の授業を岡目八目で見せていただいた経験からすると，前半の「えへん，へん」に対する子どもたちの共感は極めて薄い。それは小学校1年生の多くが前操作期にあることから，この学年用の道徳教材は善悪がはっきりと設定されている。この話のオオカミ君しかり，「かぼちゃのつる」のかぼちゃ君しかり。悪に気づく前の主人公は共感しがたいダメな奴として描かれる。本来は変化に共感させたければ，変化前にも変化後にも共感させて比較したいのだが，小学校一年生用の教材はそれが難しいつくりになってしまっているのだ。ありがちな傾向として，前半の「えへん，へん」の時のオオカミの気持ちを問うと，まず，子どもたちの挙手がワンテンポ遅れる。そして遅れて手を挙げた子どもたちがひねり出すように他人事としてのオオカミの心情を推論しようする。無駄とは言わないが「えへん，へん」の比較は共感の伴わない理性的「作業」である。

　ではどこにどうやって共感させればいいのか。これはそんなに難しい話ではない。オオカミがクマの真似をする瞬間に子どもたちは思わず「やっぱり！」とか，挙手をせず不規則発言として（推奨するわけではないが本音の表れである）「真似してる！」と口々につぶやく。自分でもそうするかな，という予感との一致が彼らにそうさせたのである。カッコいいから真似をする。「わかりきった」論者からすればこれもそうなのかもしれないが，言わせていただければ，共感の伴わない「えへん，へん」比較はそれ以上に答えがわかりきっている。

　以上，「わかる」「知る」ということの分析により，単純に「わかりきっている」と切り捨てきたポイントに実践への原動力が潜んでいることがわかる。それとともに，単に感想を聞くだけ，主人公の気持ちを問うだけの「心情主義」の道徳授業は批判に値するが，心情主義に徹してそこから「やってみたい」気持ちにつながるなら道徳的心情の育成をねらいとした授業は未だその存在意義を失ってはいない。そして，なにより無視してはならないのは発達と作者の意図であろう。

2 本当に「道徳に答えはない」のか

アクティブ・ラーニング推奨の流れを受けて道徳授業の中でも，社会の現代的な課題などを題材とした答えのない問いに対する話し合いを取り入れることを求める向きがある。一方で，従来型の読み物資料を用いた道徳授業の中でも「道徳に答えはないんだから，思ったことを言えばいいんだよ」という教示が日常的に行われる。本当に道徳には答えがないのか。その授業のねらいの達成度で授業の成否は決まると聞いたけど，だとすると本当に「何を言ってもいい」状態になってしまっては困るのではないか。そんなありがちな疑問に答えることも今日における道徳教育の課題だ。

まず，「答えのない道徳授業」の代表格といえば，ローレンス・コールバーグのジレンマ・ディスカッションであろう。内容についてはここまでの章で詳しく説明されているであろうから割愛させていただくが，オープン・エンドという言葉に表されるように結論を出さない授業展開をその特色のひとつとしている。確かに有名な「ハインツのジレンマ」でいえば，ハインツ氏が妻のために盗みに入ることの是非についての最終判断は下されない。しかし，この教材を用いた授業で議論が本当にかみ合った時，ある種の歩み寄りが生じる。盗みを否定する者も妻の死後に何かできることがあったのではないかという思いに苛まれる部分は否定できないことを認め，その後そのような悲劇が繰り返されないように，その薬が適正価格で販売されることや医療保険の適用対象となることを望むであろうし，肯定する者も罪を認め罰は必ず受けるべきとした上で，同様にこの悲劇の再発を望まないことを表明するだろう。役割取得を鍵概念の一つとするジレンマ・ディスカッションではある意味当然の帰結である。答えはないかもしれないが，何でもありでないのは間違いない。

それでは，現代的課題はどうか。社会問題を題材としたディスカッションとしてはマイケル・サンデルの「白熱教室」があまりにも有名だ。あのテレビ放映や動画を見て，あんな白熱したディスカッションを自身の道徳の授業でも，と望んだ人も少なくなかろう。

しかし，答えのなさそうな現代的課題を小中学生の前に提示しただけであのような「白熱教室」になるわけではない。サンデルはコミュニタリアン（communitarian）を標榜し，リバタリアン（libertarian）とは一線を画す。つまり，自由が制限されるのは，個々人の間に合意のあったとき，その時に限るというリバタリアンの命題には与せず，属する社会のパブリックな合意を顧慮せざるを得ないのが人間だとサンデルは主張するのである。たとえば，その著書のなかの「修理工サム」のエピソードでは，修理サービスの「押し売り」に対し，サンデルの大学の受講生たちの大半は合意していないのだから料金を払う必要はないと考えたのに対し，サンデルは，合意はしていないがはっきりと断れずにサービス自体は受けてしまったのだから，一銭も払わないというわけにはいかない，と考える。サムの費やした時間，元手，技術料の相場分は払うべきだし，仮に「これを認めると押し売りを助長する」というなら，消費者保護の体制を国や自治体が整える方向に向けるべきだろう，ということになる。つまり，「相場」にせよ，消費者保護対策にせよ，所属社会の合意を顧慮せざるを得ないというのだ。サンデルはこうした事態をより具体的に考えさせるため，社会にありそうな状況を題材に議論を仕掛ける。ジョン・ロールズのように，仮にどんな立場に自分が立ったとしても不平等を感じないで済むように，というような公正な社会を想定することは自我に負荷のかからない状態での空想であり，実際の人間は所属社会――コミュニティ（community）――の影響からよくも悪くも逃れられないという前提の下で「白熱教室」がしつらえられる。

言いたいことは，決してフリーのディスカッションだから白熱するのではなく，つまりリバタリアンとコミュニタリアンの決裂が白熱するのではなく，各個人がそれぞれの所属コミュニティのバイアスを被りながらも，ぎりぎりのところで接点を見出そうとする際の攻防が白熱するのであり，そう思えば，当然，「何でもあり」ではなく，歩み寄る部分は歩み寄るとしての議論であることは間違いない，ということだ。

そして，最後に一般的な授業においての「道徳に答えはない」である。これは「価値観の押しつけではない」という授業者側の予防線と，だから思った通り発言してね，という児童・生徒の発表への呼び水として用いられているようだが，どこに行っても耳にする表現だ。しかし，一方で授業自体は明確なねらいをもって行われる。本当に答えはないのか。この問題に敢えて物理学や数学で用いられる「ヴェクトル」に譬(たと)えることで答えてみよう。ご存知の通り，ヴェクトルは矢印状の記号で，矢先（矢面）の部分が力の方向を指し，矢の軸の部分の長さが力の大きさを表す。これを用いて道徳授業をどう譬えるかというと，ねらいが矢先の向きで示され，ねらいがどれだけ子どもに内面化されたかの度合いが軸の長さで表される。この軸の長さは，言い換えれば，第１節で述べた「強い知識」「弱い知識」でいう強弱と見てもよいだろう。たとえば，「誠実・責任」の授業でうそをつくべきではない，という内容の教材で学習した際に，うそをつくべきではないという道徳的価値に一応，賛同すれば矢先の向きはそちらに向いたことになる。ただ，それはわかったけど，実際にはまたうそをついてしまうかも，というなら軸の長さは短くなる。ここで実感としては「大事だとわかったけど，できるかな」と思っている子どもに無理やり「決意表明」をさせても「強い知識」になったとはいいがたい。それならいっそ正直に率直な心情を吐露してもらった方がいい。この意味において「(決まった) 答えはない」ということ，すなわち矢印の軸の長さは人それぞれということだ。しかし，ねらいをもった授業である以上，一瞬でも道徳的価値の方を向いてもらわなければ，わざわざ授業をした甲斐がないというものだ。逆にいえば，一瞬であってもそちらを向いてくれれば，完全に無駄ではなかったといえよう。

同じヴェクトルの比喩でジレンマ・ディスカッションや現代的課題を扱った授業を表現してみるとどうなるか。確かにジレンマ・ディスカッションはオープン・エンドが原則であり，現代的課題は答えが出ないからこそ社会の課題として現代に存在し続けていることからすると，少なくとも小中学校の道徳の時間内で一つの答えに収束することはまずもってない。しかし，それらがディスカッションとして「盛り上がる」のは部分的にでも立場の共有があったり，歩み寄りがあったりしてのことであることは前に述べたとおりだ。だとすると，そこで生じる事態をヴェクトルの比喩で表現するとどうなるか。おそらく平行線なら失敗，「ハ」の字型なら成功といった感じではないか。もちろん，「ハ」の字の両上に矢先がくるのはいうまでもない。そのためには，授業者による着眼点の指摘や議論の的確な舵取りが必要になろう。小・中学生相手に子ども任せは「アクティブ」につながらない。

いずれにせよヴェクトルの比喩で気づくことは，「答えはない」というものの，「何でもあり」ではありえず，授業のねらいの達成は常に意識されなければならず，同時に子どもたちが「身の丈にあった」発言のできる発問構成と授業の場の雰囲気が求められるということだろう。

3 道徳教育に「これさえやっておけばいい」はない

じゃあ，どうすればそんな授業ができるの？　確かにこれまでの章で授業案の書き方もいろんな理論や思想的背景があることも勉強してきた。でも肝心の「普通」の道徳授業でどんな発問および発問構成をすればいい授業になるのか。その具体像はなかなかはっきりとは見えてこない。そこで教育現場で悩める先生方に対して指導助言を行なう立場の人々はついつい「ほら，こうすればいいのさ」と自身の「得意技」を伝授する。「ほう，なるほど」。ここまではいい。しかし，それが「これさえやっておけばいい」となり，時として「こうしなければならない」に変化する。かくして我が国の道徳教育の現状はその地方に行けばその地方の「家元」がおられ，その地方の「流派」が存在し，そのやり方から外れると授業後の分科会や検討会でつるし上げを喰らう，という誠に風通しの悪い状況に至っている。「今日における道徳教育の課題」。本当の課題は心情主義でも授業のマンネリ化でもない。この百家争鳴の状況とそれが生み出す息苦しさが最大の課題としか私には思えない。ある人は必ず自分にひきつけさせろといい，またある人は中心発問さえよければいい，という。そして，ある地方ではキーワードがカラーチョークで大きく板書され，またある地方では教材は絶対に通読でなければならないとされる。

実際のところはどうなのか。「道徳」というものの実態——日常言語としての道徳——の分析を通して答えを探してみよう。そのような視点で道徳というものを見つめなおすと，複雑な様相が見えてくる。まず辞書的定義で言えば，おおむね行動や判断のベースとなるような規範の総体，というような極めて漠とした抑え方がなされ，これを広義の道徳とすれば，狭義の定義はそこに宗教的超越との結びつきではなく人と人との関係の中で保たれた倫理規範であることや法のような外的拘束力（罰則等）を伴わない内的規範との但し書きが付く。このような定義を念頭において学校教育における道徳を概観すると，内容項目間での「矛盾」に気づいてしまったりする。「進取」と「習慣」は基本的には相反する概念だ。「判断」と「愛」の両立も容易くない。なぜそのようなことが起こるのか。それは道徳が日常言語だからとしか言いようがない。こうした日常言語であるがゆえの「不純さ」は珍しいことではない。ルードウィヒ・ウィトゲンシュタインはそのような実態を「家族的類似」(family resemblance)という表現で解き明かす。私と妻は他人であるが，子どもたち――何かしら両親の特徴を混在させて保有する――を含めて「金光家」として見てしまうと，もともと赤の他人の私と妻もひとくくりにして違和感がなくなるというアノ感じが日常の表現のなかに多く存在するというのだ。例として挙げるとすれば，「温泉」が最もわかりやすい。薬効のみの冷泉とあったかいだけでただの H_2O のみからなる温泉の共通点は地下水であること，その一点でしかない。なのに「温泉」というひとくくりの集合のなかに包含されているのは，おそらく多くの温泉があったかさと薬効成分の両方を保有していたため，どちらかのみをもつものもその範疇に入れてしまうことになったのだろう。おそらく，道徳も「なんとなくいいこと」という共通イメージのもとで対立概念までもが共存するという事態の上に成立した極めて日常的で不純でよくいえば柔軟な概念なのだ。このような「寄せ集め」としての道徳を教育するのに，たった一つの方法論が絶対なわけがない。キーワードを大きく板書することは価値観の押しつけの危険性とねらいを明確にする利点の両方があるから賛否が分かれる。これも授業直後から実践しなさいというニュアンスが優位なら押しつけの匂いを禁じ得ない。しかし，大人になって忘れたころにいつかこの授業を思い出してほしいというならあながち誤りでもなかろう。

そのなかで最も我々を悩ます対立は「自分に引きつける」という要素をいかに道徳授業のなかに取り入れるべきかについてのものであろう。しばしば見受ける表現を借りて，資料の中の話と似たような経験を出させて，あの時もこの時も，とヨコに広げることを一般化と呼び，直接的に生活との結びつきをつくらずに資料の話のなかでさらに深く考えさせること――タテに掘り下げること――を深化と呼ぶことにする。この場合，一般化は子どもたち自身の経験を語らせるため生活との結びつきは直接的であり，あの時もこの時もと帰納的推論に結びつくため道徳的実践意欲・態度につなげやすいとされる。その一方で，どんな話でも子どもたちが「似たような経験」をしているわけはなく，そのことで「木に竹を接いだような」授業になるという批判もあり，意見が分かれる。

しかし，ここで考えなければならないのは，我々はどこに向かうべきなのか，ということだ。そもそも道徳的価値と子どもたちの関係を考えると，図式的に単純化すれば，以下のような三層構造をなす。一番上が抽象的な道徳的価値（「思いやり」「生命尊重」等），その下に個々の事例（その道徳的価値にまつわる事例―資料の中の話の内容や子どもたちの経験），そしてそれぞれの事例の下にそのなかでの当該の道徳的価値の受け止めおよびそれに基づく言動があり，話のなかであれば登場人物，生活経験であれば経験主体である子どもたちのもの，ということになる。道徳授業においてはまず読み物教材を理解することで抽象的な道徳的価値から事例へと降りてくる。その次にヨコに進むべきかタテに進むべきかで見解が分かれる。しかし，我々が目指すべきはヨコでもタテでもないのではないか。「自分に引きつける」ということは単に似たような例を並べることではないはずだ。自分が経験した事例のなかで自分が何を感じ，何をしたかまでを想起して読み物のなかの登場人物の言動とその時の心の動きを重ねてこそ「実践」への結びつきが期待される。つまり，いったんヨコに進んだ後でそこからタテに掘り下げる必要があるはずだ。ゴールは「ナナメ下」なのである。では，深化タイプの進め方ではどうなるのか。行間から読み取るなどしてさらに深く考えるとき，何が起こるのか。できるだけ登場人物の立場に立って――自分の考え方，感じ方は脇において――考えを深めようとする。しかし，推測の要素が高まれば高まるほど，自身の考え方や感じ方の投影の混在が避けがたくなる。そして，年齢や発達段階が下がれば下がるほど，無意識のうちに自己からの投影の要素が高まる。つまり，イメージ的にいえば，真下に掘り下げたつもりがカーブして「ナナメ下」に向かっているのだ。結局目指すところは同じなのである。

では，なぜ見解が分かれてしまうのか。一つは教材の特性による。学年が上がれば話の内容は複雑化し，登場人物の心理も推測が必要だ。その上，発達とともに世界は広がり，生活文脈から離れた話も増え，一般化の発問が不向きなものが増え，深める発問の有効性は増す。学年が下がればその逆で，生活文脈に近い話になれば，「似たような経験」を問うと，これでもか，というくらい手が挙がる。これをみれば自分への引きつけなどやめてしまえ，とは言いづらい。加えて指導助言者の「好み」も反映される。マルティン・ハイデガーやオットー・フリードリヒ・ボルノーの影響を受けていれば，主人公が道徳的価値に対して「覚醒」したり，本当の自分に気づいたりする瞬間に目が行くのも無理はない。かくして主人公の変化が中心発問となり，そこに力点が集中したり，その部分でさらに深く考えさせることで「覚醒」の疑似体験へと導こうとするのだろう。事実，このような意図に沿う教材は学年が上がれば増加する。「一冊のノート」などはその典型だろう。一方，道徳的価値を一つの「知識」として捉えれば，それに興味をもたせ，活用につながるような学習を展開し，それを生活に活用していくためのレールを用意して，いわゆる一般教科の学習になぞらえた授業展開を志向することになる。そして，短い授業時間のなかで両者の要件を満たす授業は難しいという現実があるために，どちらが優位かという二者択一に至ってしまうのだ。

結局のところ，二者択一の議論が不毛であり，目的地が「ナナメ下」であることさえ分かっていれば，どちらのルートが近道かを考えればそれでよい。

方法論の上で「これさえやっておけば」という王道は，日常言語としての道徳の分析からして存在しえない。ただ，一方で実践倫理として抽象的な道徳的価値を個人レベルにまでおろしていかなければならないという事実は疑いようもない。それさえわかっていれば，仮に教材が現代的な課題に関するものであっても状況は変わらないであろう。

参考文献

ウィトゲンシュタイン，丘沢静也訳（2013）『哲学探究』岩波書店。

川本隆史（1997）『ロールズ――正義の原理』講談社。
木田元編（2001）『思想読本［３］ハイデガー』作品社。
倉戸ツギオ（1994）『発達と学習の心理学――自己教育力を育む』ナカニシヤ出版。
シェフラー，村井実監訳（1987）『知識の条件』東洋館出版社。
サンデル，鬼澤忍訳（2010）『これからの「正義」の話をしよう――いまを生き延びるための哲学』早川書房。
永野重史編（1985）『道徳性の発達と教育――コールバーグ理論の展開』新曜社。
Bollnow, O. F. (1964) *Die pädagogische Atomosphäre,* Heidelberg.

（金光靖樹）

人名索引

ア 行

カ 行

サ 行

タ 行

ナ 行

ハ 行

マ 行

ラ・ワ行

事項索引

A-Z

ア 行

カ 行

サ 行

タ 行

ナ　行

ハ　行

マ　行

ヤ　行

ラ　行

ワ　行

執筆者紹介（執筆順，執筆担当）

佐藤光友（さとう・みつとも，編著者，同志社女子大学教職課程センター）第１章

奥野佐矢子（おくの・さやこ，神戸女学院大学文学部）第２章

岩瀬真寿美（いわせ・ますみ，同朋大学社会福祉学部）第３章

新　茂之（あたらし・しげゆき，同志社大学文学部）第４章

植田和也（うえた・かずや，香川大学教育学部）第５章

小林将太（こばやし・しょうた，大阪教育大学）第６章

伊藤博美（いとう・ひろみ，椙山女学園大学教育学部）第７章

小室弘毅（こむろ・ひろき，関西大学人間健康学部）第８章

広瀬悠三（ひろせ・ゆうぞう，奈良教育大学）第９章

荒木寿友（あらき・かずとも，立命館大学大学院教職研究科）第10章

小針　誠（こばり・まこと，青山学院大学教育人間科学部）第11章

赤坂雅裕（あかさか・まさひろ，文教大学国際学部）第12章

牧﨑幸夫（まきざき・ゆきお，立命館大学〔非常勤〕）第13章

金光靖樹（かねみつ・やすき，編著者，大阪教育大学）第14章

やさしく学ぶ道徳教育
——理論と方法——

2016年6月20日　初版第1刷発行　〈検印省略〉
2021年3月20日　初版第2刷発行

定価はカバーに
表示しています

編著者　金光靖樹
　　　　佐藤光友
発行者　杉田啓三
印刷者　坂本喜杏

発行所　株式会社　ミネルヴァ書房
607-8494　京都市山科区日ノ岡堤谷町1
電話代表　(075)581-5191番
振替口座　01020-0-8076番

冨山房インターナショナル・藤沢製本

ISBN 978-4-623-07562-1
Printed in Japan